性知識，爸媽給問嗎？

婦科醫師教你透過親子對話，在日常展開性教育

宮川三代子 著
陳綠文 譯

ママ産婦人科医による「生理」と「セックス」を
子どもに正しく伝えるための本

前言　從婦產科醫生的工作現場開始

非常感謝您拿起了這本書。

我擔任婦產科醫師已有20年。同時，我也是兩名孩子的母親，長子9歲，次子6歲。

讀者當中，是否有許多人正在為了育兒而忙得不可開交？一直以來，我都是抱持著「希望自己的孩子不要成為性犯罪的受害者，也不要成為性犯罪的加害者」的想法來養育孩子的。我想，大家應該也都是這麼認為的吧。不過以現狀來看，現在日本的成年人基本上都是透過學校的保健體育課程學習月經與性的相關知識，很少人是直接透過父母學到這些知識。

社會上充斥著許多在網路和社群平台上流傳的各種資訊，或許您也會為了不知該如何正確地向子女傳達資訊，以及不知該傳遞些什麼資訊而感到憂慮不安。

我在養育兩個兒子時，也曾經遇過在自己的月經來潮時，不知道該怎麼跟他們解釋「媽媽沒辦法跟你們一起洗澡」的狀況。要是他們看到我的經血，會不會留下心理陰影？但是，刻意隱瞞是否也不好呢？為此，我感到十分苦惱。

在日本，無論是與月經相關之事，還是與性相關之事，社會上都彌漫著一種難以開放談論的風氣。這樣的風氣，更成為性犯罪、性傷害，以及意外讓自己或他人懷孕等問題的原因之一。

我在婦產科進行診察時，時常有國中生或高中生前來看診。

我負責診療的一名女高中生跟我說，她之前因為發現自己懷孕，所以和同一時期也發現自己懷孕的朋友相偕去婦產科就診。因為她的朋友才剛懷孕不久，還在可以進行墮胎的懷孕週數範圍內，便做了人工流產手術。然而，這名女高中生因為懷孕週數較長的關係，已經不能人工流產了。她告訴我，自己無論如何也沒辦法開口向父母說出這件事。

這名女孩子對父母和學校隱瞞自己懷孕的事實，但因為陣痛的關係，她在半夜被送往醫院並且早產了。這名女孩子的父母相當關心她的課業，她就讀的高中也是一所升學表現十分優秀的學校。也就是說，她是一名十分普通的高中生。

像這樣「沒想到竟然會是自己的女兒」的狀況，有可能發生在任何一個孩子身上。

而且，也有不少10多歲的青少年，因為這樣而改變了他們往後的人生。

為了避免發生此類情形，如果大人能夠正面回答孩子提出的疑問，並向他們傳達正確的知識，那麼我們不僅可以預防子女成為性犯罪的受害者，還可以設法不讓他們成為性犯罪的加害者。

閱讀本書之後，作為父母的我們便能夠明白，在孩子迎來初經與初精之前，我們應該向他們傳達些什麼，以及應該為他們注意些什麼才好。本書雖然將「向男孩子傳達知識的方法」與「向女孩子傳達知識的方法」分開來寫，但是孩子也可能是跨性別者。關於這個部分，在第1章會提及更詳細的資訊。

沒有接受過正確性教育的孩子，可能成為性騷擾或性犯罪事件的受害者。如果父母能夠好好教導子女關於性方面的知識，也能夠降低他們的受害機率。

不僅如此，如果能向孩子傳達正確的月經知識，她們就不會再對經痛置之不理，甚至也能減少她們在將來為不孕症、妊娠併發症、卵巢癌而苦的情況。

閱讀完這本書後，或許有些家長會覺得：「跟孩子說得這麼明白沒關係嗎？」但是，若能進行開放的性教育，除了能夠避免青少年意外懷孕，也能夠降低他們罹患性病的機率。

在這方面顯示出成果的，正是荷蘭。在性教育的進步上，荷蘭是世界各國的典範。

透過學校與家庭的共同合作，積極進行性教育。因為保險套和避孕藥的使用率高，年齡介於15歲到19歲之間的青少年，每一千名同年女性平均的懷孕比例為3.9人，是世界上最低的國家之一。此外，在歐美各國中，荷蘭也是性傳染病罹患率最低的幾個國家之一。

為了守護孩子將來的幸福，在閱讀過本書之後，讓我們一同向孩子傳達我們所能夠教導的每一件事。

宮川三代子

二〇二二年一月

目錄

那要如何傳達想法呢？

序章

各位爸爸媽媽，你們會在家裡進行性教育嗎？

不要錯過孩子提出的疑問與訊號

在本章中，有一些訊息要傳遞給正在閱讀本書的父母親。想傳達的重點有以下3項：

1 不要錯過孩子提出的疑問與訊號。請做好心理準備，好好地面對他們。
2 抱持「無論發生什麼事，自己都會站在孩子這一邊」的決心。
3 讓孩子看看自己與周遭的人，或是自己與共同養育孩子的家人商量事情的樣子。

我想，您會閱讀本書，一定有著各種不同的理由。

例如：

- 看到孩子在摸自己的陰莖，不知道該怎麼向他搭話才好。
- 在新聞上看到有高中生或大學生獨自一人生下小寶寶，並把小寶寶遺棄在公園等地的事件，便開始擔心自己孩子的將來。

- 雖然認為「只按照現在的方式來對孩子進行性教育是不行的」，但是卻不知道該怎麼做比較好。

我想，無論是什麼樣的理由，會為了孩子花費寶貴的時間與金錢購買並閱讀本書，一定是因為您非常重視您的孩子。

正是因為如此，我最想向您傳達的就是上述的第1項要點「**不要錯過孩子提出的疑問與訊號。請做好心理準備，好好地面對他們**」。

只要好好掌握這項關鍵要點，便可以盡可能地降低自己的孩子成為性傷害的受害者或加害者的危險性。

孩子會發出的訊號有很多種。我年紀還小的時候，曾經在不知道自慰（也就是「手淫」，本書統一使用帶有正面含意的「自慰」）是什麼的情況下，就拚命地撫摸自己的下半身，甚至被母親看到我在做這件事的模樣。

母親只是問了我一句：「舒服嗎？」她也沒有告訴我這麼做到底是好事還是壞事，隨後便離開了。

即便成長到一定歲數之後，我還是會在一感到緊張時就去觸摸下半身。我也曾經責備過自己，認為自己「是不是哪裡不太對勁？」雖然在長大成人之後，我明白這樣的行為叫做「自慰」，只要不在別人面前做，其實不是什麼壞事。但是我還是會想，如果在我年紀更小的時候，就有人教導我這些事情，我也許就不會像以前那樣責怪自己了。

或許，各位的孩子也跟小時候的我一樣，在不知道自慰是什麼的情況下，就做了這件事。

倘若您撞見孩子在自慰，請不要露出不愉快的表情，而是好好向他們傳達：「你現在在做的這件事叫做自慰。雖然如果你想要做的話，愛怎麼做都可以，但是在別人面前做這件事是違反禮儀的，所以只能在只有自己一個人的時候做哦！」

此時，如果身為父母的您，無法好好向孩子說明這件事的話，您的孩子便可能像過去的我一樣，戒不掉那個只要感到緊張或者產生壓力時，就會在別人面前觸摸下半身的習慣。若是因為這樣使得孩子被朋友揶揄，或是您從學校的老師那裡聽來孩子在做這些行為的話，也會讓孩子感到十分難堪。所以，為了不讓孩子在學校留下不好的回憶，父母親能夠下定決心好好向孩子傳達這件事也是非常重要的。

告訴孩子「不管發生什麼事，我都會站在你這邊」

在養育子女的過程當中，經常會發生一些令我們感到震驚的意外事件。例如，孩子因為與幼兒園的朋友吵架而受到傷害，又或者是反過來造成對方受傷。在小學也可能會遇到孩子與朋友或同伴產生衝突等問題。我們的擔心永遠都停不下來。

要是自己的孩子陷入這些糾紛之中，成為性傷害的加害者或受害者，肯定是一件非常恐怖的事情。實際上，即便是在小學或幼兒園，也曾經發生過與性相關的惡作劇事件。例如，曾有孩子表示：「我被一群朋友圍起來，他們叫我把內褲脫掉。」或者：「我的胸部被別人摸了。」……等等。

無論再怎麼小心，都有可能會被捲入性傷害的事件之中。在這個時候，父母如何應對是非常重要的。

比方說：

- 當孩子在年紀還小時，告訴父母「自己被不認識的大人強吻了」，但父母卻用一種像在看一件非常骯髒的東西的眼神來看待孩子，讓孩子感到十分難受。

- 孩子就讀國中時，跟父母說自己被言語性騷擾了，父母卻生氣責備：「還不是因為你要打扮成那樣！」

我想，從父母親的立場來看，心裡應該也感到不安吧，或許也不知道該怎麼處理才好。

然而，若從孩子的角度來看，會覺得明明自己是因為感到害怕才選擇跟父母商量，但父母卻不幫助自己。於是，他們便會產生「就算求助父母也只會讓自己受到傷害」的想法，並在心裡留下一道深深的傷痕。

越是在這樣的時候，就越要給予孩子擁抱，告訴他們：「說出這些話一定需要很多勇氣吧」、「感到很痛苦吧」、「覺得很可怕吧」。現在，讓我們定下「不管發生什麼事，都不會責怪孩子」的決心。

如果希望孩子能依靠你，就要讓他們看到你與他人商量事情的樣子

各位在遇到煩惱時，會選擇試著找人商量嗎？

雖然，我總是希望自己的患者，或是自己的孩子在遇到困難時能來與我商量，但其實我也是那種「總是會過度努力」的類型，經常想著「自己不試著做點什麼的話是不行的」。

然而在養育孩子方面，有很多事情都無法如自己所想的順利進行。若只靠自己單打獨鬥，實在是無能為力。因此，我會與我的父母或朋友商量，有時候甚至會請患者聽聽我在養育孩子時遇到的煩惱。如此一來，患者不僅能向我諮詢因健康或疾病而產生的苦惱，也能和我討論與性相關的問題，以及與家人的關係等各式各樣的煩惱。

看著我依靠他人，或者與他人商量事情的模樣，孩子也能學會向他人尋求協助。如果父母偶爾能依靠孩子，或者與孩子商量事情的話，那麼等到孩子真正遇上困難時，就不會獨自一人煩惱，而是能夠選擇向父母或周遭的人尋求協助。

如果希望孩子能依靠自己，也希望孩子能與自己商量事情的話，請您先試著去依靠他人、與他人商量自己的煩惱。

隨著孩子的成長，向他們傳達與性相關的知識

●向幼兒期的男孩子傳達的事情　～教導男孩子如何清洗陰莖～

男孩子都會對陰莖十分感興趣。

和孩子一起洗澡的時候，如果被孩子很直接地問道：「為什麼爸爸的小雞雞和我的小雞雞長得不一樣？」或者：「女孩子沒有小雞雞嗎？」的話，請不要逃避，用你的方式好好地回答孩子。

有一次，我和兒子一起洗澡時，被他問了這個問題。那時候他的年紀差不多是４歲左右。
女孩子的小雞雞長什麼樣子？媽媽，妳可以給我看一下嗎？

雖然我當下感到驚慌失措，但危機就是轉機！於是我便下定決心跟他好好解釋這件事。
我跟你說哦，
女孩子的小雞雞非常小，從外面是看不到的哦。在我們排出尿尿的地方，還有排出便便的地方中間，有一條可以讓小寶寶通過的「生命通道」哦。
你的小雞雞也是你身上很重要的一部分，不能隨便給別人看，也不能隨便讓別人摸哦。媽媽的小雞雞也是媽媽身上很重要的一部分，所以不會輕易讓人家看哦。
雖然我不清楚他是否已經全部都理解了，但我想，對於自己身上重要的部位不能隨便給別人看，也不能隨便讓別人摸的這一點，他應該已經明白了。

現在回想起來，我既然身為婦產科醫師，或許應該好好畫張圖，具體告訴他相關知識比較好。下次如果還有機會被兒子提問的話，我就打算這麼做。

等孩子成長到3歲之後，請教導他自己清洗陰莖。因為那裡是私密部位，所以孩子成長到3歲之後，如果沒有本人的允許，就算是父母也不能隨便觸摸。

- 只需要把陰莖前端的包皮稍微推開，用熱水沖一沖就可以了。
- 有時候陰莖上面有一些看起來像是汙垢的東西，那是皮膚的新陳代謝所產生的，不需要勉強去除。
- 如果勉強把包皮推開的話，陰莖的血流就沒辦法暢通，也會感到疼痛，就好像脖子被勒住一樣。所以要避免硬是把包皮推開。

「只要產生細菌，小雞雞就可能會開始腫脹或感到疼痛，所以不能用髒髒的

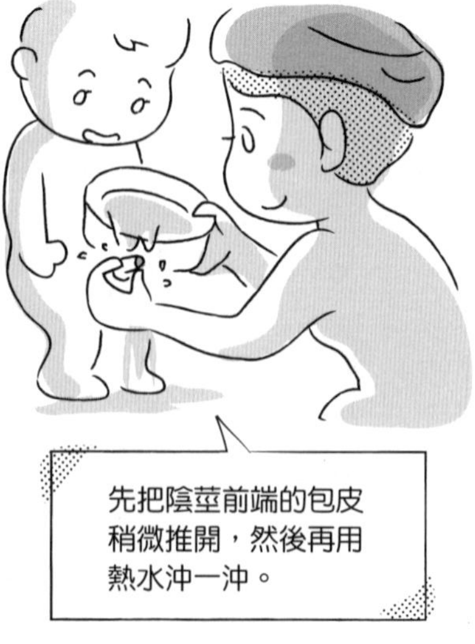
先把陰莖前端的包皮稍微推開，然後再用熱水沖一沖。

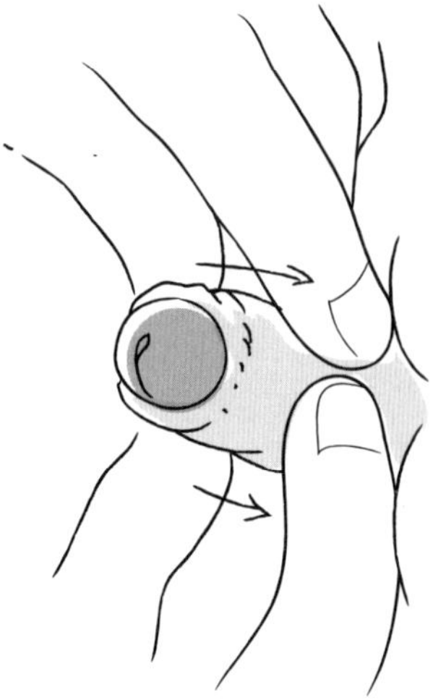

手去摸小雞雞哦。也不能隨便在別人面前露出小雞雞哦。除了因爲可能有些人看到你的小雞雞會覺得不舒服，還可能有壞人會因爲這樣而捉弄你哦。」就像這樣，多跟孩子說幾次來教導他。當孩子在家中把陰莖露出來玩鬧的時候，正是家長把這些觀念告訴孩子的大好時機。我讀小學的兩個兒子把陰莖露出來的時候，我先生雖然會在旁邊看著他們欣慰地微微笑，但不時也會告訴他們：「用髒手摸小雞雞的話，細菌會跑進去哦！」或者：「不要把雞雞露出來啦！」……等等。

●對讀小學的男孩子傳達的事情 ～發生初精之後會怎麼樣～

孩子升上小學二年級左右時，請告訴他們關於初精的事情。如果孩子在完全不知道初精是什麼的情況下就發生初精的話，便會十分擔心：「自己是不是生病了？」

例如，在跟他們解釋小寶寶是怎麼來的時候，可以向他們說明睪丸會產生精子，也可以藉此告訴他們，睡覺的時候精子可能會從陰莖的前端排放出來。雖然精子看起來白白的，摸起來又黏黏的，聞起來還有奇怪的味道，但這是身體逐漸成長為成年人的證據，所以完全不是什麼奇怪的事。另外，也告訴他們，記得要把沾到白白黏黏液體的內褲先用水清洗過後，再放到洗衣機裡面洗乾淨。

如果能在孩子還小的時候，就教導他們自己的內褲要自己先清洗過之後再放到洗衣機裡面洗乾淨的話，會是很棒的一件事。不只是小孩子，如果大人也能這麼做，小孩子自然也會跟著一起這麼做。

孩子升上小學高年級之後，便會開始長鬍子，也會開始變聲。

這個時候，請告訴他們「會開始想一些色色的事情也不是什麼奇怪的事」。並讓他們讀一讀第1章當中有關於「自慰」的內容。如果能在一開始接觸自慰時，就先知道正確的自慰方式的話，將來也能夠防止無法在陰道內射精的狀況發生。

●對青春期的男孩子傳達的事情　～告訴他們「沒有百分之百的避孕方法」～

孩子升上國中之後，或許就不太願意聽父母說話了。但是，我們可以事先跟孩子打個招呼，告訴他們：「我有重要的事情想跟你說，能抽出一點時間跟我談談嗎？」以此來和他們討論與性相關的話題。

雖然我也常聽到有人說：「不知道要在什麼時機談論性方面的事情。實在太害羞了，根本沒辦法開口。」但是，如果能有越多機會與孩子談論性方面的話題，就越有機會減少將來孩子意外懷孕的可能性，也越有機會降低孩子在未來成為性犯罪事件的加害者或受害者的可能性。

與孩子談論性的時機有百百種。越是放過那些機會，就越會失去談論的時機。舉例來說，像是「孩子提出有關於性方面的疑問」、「在孩子的房間內找到色情書刊」、「在髒衣籃裡發現沾有精液的內褲」……等等。

碰上這些狀況的時候，就做好心理準備，好好地與孩子面對面談談。如果還是開不了口的話，就把這本書拿給孩子，讓他讀你希望告訴他的那部分內容，也是一種不錯的選擇。我想，家長應該也會希望孩子能在國中的時候就理解，「成人影片內的情景是幻想中的世界，與現實中的世界並不相同」。

至今，我見過好幾位因為自己的兒子讓女孩子意外懷孕而感到不知所措的父母親。當中有大半的人都認為：「我的兒子還不會做這種事吧？」

孩子升上高中之後，也會開始好好聽父母說話，所以要趁機告訴他們「沒有百分之百的避孕方法」。並且，也要讓他們仔細想想，要是不小心讓與自己發生性行為的對象懷孕的話會產生哪些影響？

請盡量以平靜淡然的態度，向他們說明保險套的正確使用方法，以及與懷孕、墮胎相關的實際情況。如果認為「要直接開口傳達這些知識什麼的，無論如何都做不到！」的話，**就請您讓孩子讀讀本書第4章當中與避孕相關的內容**。

想要避免性傳染病，只能靠使用保險套來預防感染。因此，為了保護自己與伴侶，預防彼此感染愛滋病毒、梅毒、披衣菌感染等性病，一定要在進行性行為時戴上保險套。孩子升上高中之後，就把保險套裝在盒子裡交給他。

●對幼兒期的女孩子傳達的事情 ～女孩子私密處的清洗方法～

有時候，我們會見到幼兒期的女孩子來婦產科看診。

當中最常遇到的狀況，是「白帶」異常。因為女孩子的陰道與肛門位置很接近，所以也可能會遇到肛門周圍的細菌跑到陰道內部，而導致「細菌性陰道炎」的情況。

也可能是因為女孩子在排便之後，沒有以「由前往後」的方式擦拭下體，或者沒有好好把排泄物擦拭乾淨，甚至是用不乾淨的手去觸摸私密處。男孩子也一樣，請告訴他們，觸摸私密處的時候，要用乾淨的手去摸。請盡可能地多跟他們說幾次，排便過後，要以「由前往後」的方式擦拭肛門。

您聽了或許會感到很驚訝，但是偶爾也會遇到女孩子的陰道內被塞入簽字筆的筆蓋，或者被放入彈珠的事例。孩子玩耍的時候，請不要讓他們裸著身子，一定要讓他們穿上內褲再開始玩。

其次，還很常遇到私密處受傷的狀況。

例如，因為從椅子或遊樂設施上摔落下來，導致大陰唇或小陰唇撕裂、出血，而到醫院就診。雖然私密處發青腫脹的模樣非常令人心疼，不過在多數的情況下，不用縫合就能自然痊癒。但要是傷口感染細菌的話，就會很難治癒，所以如果出現撕裂傷的話，請一定要到醫院就診。無論到婦產科、小兒科、外科看診都可以，不過因為婦產科比較熟悉這類狀況，還是先到婦產科就醫比較好。

女孩子成長到3歲之後，也請教導她們自己清洗陰部，畢竟那是非常重要的隱私部位。

順帶一提，我沒有「過去曾從父母那裡學習到陰部清洗方法」的印象。國中時，我因為有陰垢，覺得自己非常骯髒，就用指甲刮掉陰垢，導致陰部受傷。為了不讓各位的孩子遭遇同樣的經歷，請您也好好教導她們正確的清洗方法。

・將肥皂好好搓出泡沫，輕柔地清洗陰部。如果使用按壓就能起泡的沐浴乳的話，即使是小朋友也能輕鬆做到。另外，也有專為陰部設計的清潔皂。

・陰道的皺褶處也要用指腹輕柔地洗一洗。

・沒有必要連陰道內部都清洗。因為陰道中存在珍貴的細菌（一種會讓陰道內部環境變好的乳酸桿菌，叫做杜氏桿菌），不能連那些好菌都洗掉。

・陰垢（陰道皺褶之間看起來白白的汙垢）的主要成分是蛋白質，只清洗一次的話可能很難去除掉，但是如果用力搓洗的話會受傷，請不要這麼做。只要每天輕柔地清洗，就可以去除掉

女孩子私密處的清洗方法

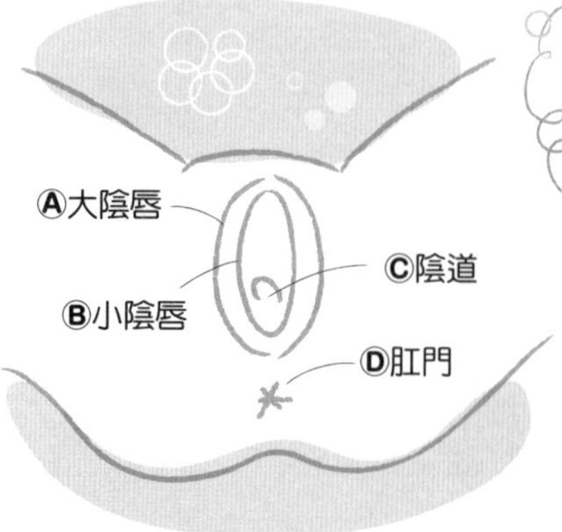
Ⓐ大陰唇
Ⓑ小陰唇
Ⓒ陰道
Ⓓ肛門

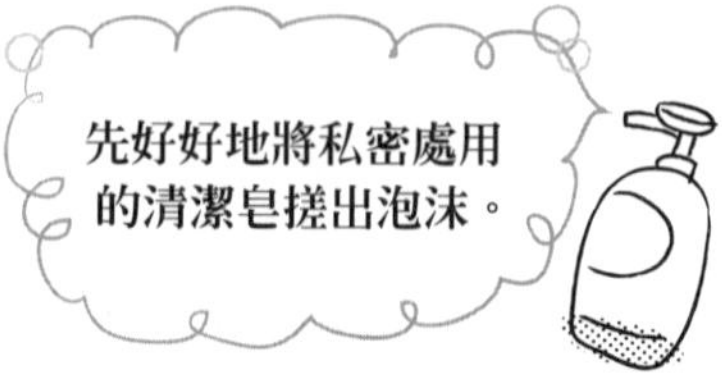
先好好地將私密處用
的清潔皂搓出泡沫。

將Ⓐ和Ⓑ的皺褶處用手指輕輕地撥開來輕洗。
每天都輕柔地清洗皺褶內部容易積存的陰垢。
排便之後，以「由前往後」的方式擦拭Ⓓ肛門。

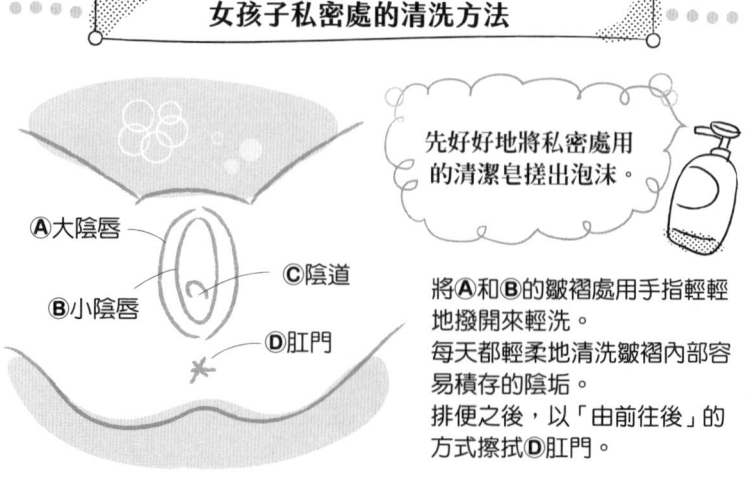

這些陰垢了。

對讀小學的女孩子傳達的事情 ～趁著初經來臨時要傳達的事情～

陰道、乳房、陰部，都是人類身體上非常重要的隱私部位。現在的女孩子發育得很快，在小學中年級當中，也會發現有女孩子因為乳房長大的關係，導致可以隔著運動服看到她們透出的乳頭。

像這樣毫無防備的女孩子，可能成為性犯罪者的獵物。請在孩子還小的時候，就教導他們要好好保護隱私部位，並告訴他們，私密處是只有自己才能觸碰的地方。

有些女孩子會因為乳房長大，或是經期來臨，覺得自己已經成長為大人的身體而感到自豪。但相反的，也有些女孩子會因為不知道該怎麼向父母開口說這件事，而感到十分苦惱。

對於這些不好意思開口的女孩子，可以幫她們買幾件運動內衣，或者是吸經血的內褲，然後若無其事地放到她們的房間裡，也可以遞給她們寫有生理用品使用方法的紙條。

以前，人們認為初經來臨是喜慶之事，所以會煮紅豆飯[1]慶祝。然而，有些初經來臨的女孩子也會認為「希望不要做這麼讓人感到害羞的事」。所以，如果要慶祝的話，請先聽取本人的意願，再決定要不要做。作為父母的我們，看著女兒逐漸長大成人時，也請好好地向她傳達我們的喜悅。

不過，在這裡要注意的是，有些女孩子會對於「自己的身體正在逐漸成長為成年女性的身體」這件事產生不協調感（性別不安）。

她們可能正處在一個「明明內心認為自己是男孩子，身體卻不斷成長為成年女性的身體」的階段之中，而感到痛苦不堪。

在孩子經歷第一次月經，也就是初經來臨時，好好地聆聽孩子對於這件事有什麼感受，還有她們的心情如何，這些都是非常重要的。

除此之外，也請告訴她們，初經的到來也代表著身體已經成長為可以生小寶寶的狀態了。此時就是與她們談論「懷孕」這件事的絕佳時機。因為只要有月經，即便是小學生也能夠懷孕。

●對青春期的女孩子傳達的事情　～為了不在沒有計畫的狀況下懷孕～

雖然孩子可能是因為有了喜歡的人，才會想與對方進行性行為，但是我們也可以慢慢教導她們一些與性行為相關的知識。例如，即使月經不順也可能會懷孕、沒有百分之百的避孕方法、有女孩子才剛剛迎來初經就不小心懷孕……等等。舉出實際例子的話，孩子也更容易把這件事當作與自己有關的事來思考。

無論是誰，都可能會意外懷孕。

正因如此，為了不讓孩子成為在自家或廁所生下小寶寶後，就直接將小寶寶遺棄的加害者，必須讓她們在發現自己懷孕時，就盡早與人商量自己的狀況。請告訴孩子，除了自己生養小寶寶的選項之外，在日本還有「特別養子緣組」[2]收養制度，也有行使人工流產手術等權利。

至今為止，我所接觸的患者當中，許多人都曾因執行人工流產手術，產生「自己對小寶寶做了不好的事情」的罪惡感。

編按：台灣目前收出養的相關法規「兒童及少年福利與權益保障法」，可經由縣市政府，及衛福部社會及家庭署核可之「收出養媒合服務名單」取得協助。社家署亦委託勵馨基金會營運「未成年懷孕求助網站」，提供宣導及電話、網路諮詢服務。

[3] 人工流產手術參照「優生保健法」[4]第九條規定，未婚之未成年人施行人工流產時，應得法定代理人或輔助人之同意。

但是，只要沒有百分之百的避孕方法，就有可能會發生「意外懷孕」這件事。

為了不讓自己的女兒在選擇進行人工流產手術後，在接下來的人生之中都抱持著罪惡感而活，也請您告訴您的女兒：「執行人工流產手術是女性的權利。」

執行人工流產手術後，會感到悲傷是很自然的事。所以我想，在那之後正是好好地與她本人談談避孕方法，以及關於生活之事的適當時機。或者，也可以讓她讀本書第4章的內容。

建立可以討論「性」的親子關係

我想，讀到這裡之後，各位讀者應該也都能明白「親子共同討論關於性的話題」是多麼重要了。因為這是非常重要的事情，所以我必須再強調一次，家人之間談論「性」的機會越多，子女在無計畫的狀況下懷孕，或讓別人懷孕的可能性就會越低。此外，也能夠減少孩子成為性犯罪的加害者或受害者的機率。

即便知道這些事實，還是有很多家長會認為：「對孩子進行性教育什麼的，怎麼可能開口！」

我認為，原因出在家長本身年紀還小的時候，也沒有從父母那裡接受過性教育的關係。親子之間談論性是禁忌之事、是令人感到羞愧之事，這樣的文化已經深深烙印在我們的觀念之中。

但是，時代已經改變了。不知是幸還是不幸？現在的孩子可以輕易接收到各式各樣的資訊。他們掌握的情報，遠遠超過身為父母的我們這一輩人。特別是在孩子成長到會使用網路或社群平台的年紀之後，接觸到關於性方面的資訊出乎意料地簡單。即使是小學低年級的學童，也有相當多人會使用網路。

因此，在孩子從網路上，或透過其他地方接觸到錯誤的性資訊之前，身為父母的我們應該盡早向他們傳達正確的性知識。另外，就算孩子已經從網路上獲得有關於性的各種資訊，我們也應該告訴他們：「網路上流傳的資訊並不一定全部都是正確的，其中也可能存在錯誤的資訊哦。」

想做到這一點的大前提是，親子在日常生活中就進行充分的交流。如果平常父母都很忙，忙到連與孩子聊聊在學校裡發生什麼事情的時間都沒有的話，根本不可能與孩子談論性方面的話題。

就算父母可能很忙碌，但一天只有幾分鐘也好，首先要做的就是留意孩子所說的話。透過聆聽孩子說話，也可以先建立親子之間互相交流各種想法的關係。

什麼時機可以討論與「性」相關的話題

其次，即使平時親子之間的溝通狀況良好，又該在什麼時機跟孩子談論與性相關的話題比較好？應該很多父母對此感到十分苦惱。

我推薦的時機，是在父母看到孩子的行動時，產生「好討厭」，或者「好困擾」等念頭的時候。

下面列舉幾個例子：

·當您發現年紀還很小的孩子，在YouTube上面看一些非常驚人的色情動畫時。
咦!!怎麼辦!!
遇到這種狀況，心臟會撲通撲通地跳個不停。此時就是一個很好的機會。
請忍住您想裝作視而不見的念頭……
哇！還有這樣的影片？
試著像這樣說說看。說的時候請壓抑您那忐忑不安的心情。接著，向孩子傳達您內心的想法。
例如：
像這樣色色的動畫，媽媽還不希望你看呢……
或者，
雖然這些是給大人看的，但是不小心還是會被小朋友看到。如果又有類似的動畫跳出來，記得要跟媽媽說哦。
……等等。

・當您發現青春期的孩子偷偷躲起來觀看成人影片的時候。
像那樣的影片內容，是虛構的世界，和現實世界中的性行為是不一樣的哦。
請這樣告訴他們。如果不跟孩子說明那些是創作出來的內容，他們便可能會混淆虛構與現實。

除此之外，還有這些情況：

・發現孩子在被窩裡摸自己的陰莖時。

如果是幼兒：就像前面所說的一樣，請輕輕地拍拍他的肩膀，告訴他：「要摸小雞雞可以，但是要在只有自己一個人的時候摸哦。」或者告訴他：「手髒髒的話會有細菌跑進去，要把手洗乾淨再摸哦。」

如果是就讀小學的孩子：當撞見孩子這麼做的時候，請在經過幾天之後，再告訴他什麼是自慰。如果在孩子摸完陰莖之後，就馬上向他搭話的話，他可能會因為擔心「該不會被看到了吧！」而感到不安。請告訴孩子，自慰不是什麼壞事，但它還是有該遵守的規矩，而且要是以錯誤的方法自慰的話，將來可能會很難生出小寶寶。另外，也請讓孩子讀本書當中關於自慰的內容。

- 在游泳池的時候，發現年紀差不多在幼稚園左右的女孩子，全裸著身子從更衣室出來，往廁所跑去。
- 發現有爸爸帶著年紀看起來像是小學生的女孩子，一起進去游泳池的男子更衣室，或者公共澡堂，讓女孩子在那邊換衣服的時候。

無論是哪一種情況，看到的時候都會嚇一跳吧。普遍來說，像這樣毫無防備的孩子與家庭，很容易就會受到性傷害。雖然本來應該直接提醒那些父母，請他們多多注意會比較好，但是外人的確很難介入其中。因此，我們可以向游泳池的管理員，或者公共澡堂的老闆傳達，自己因為擔心這樣的情況會成為性犯罪的誘因，所以要請對方幫忙張貼公告，提醒大家多多注意。

在性教育中，母親與父親各自扮演的角色

從母親那裡聽說月經的事情，或許會比較容易聽進去；從父親那裡聽說初精的事情，或許孩子也比較容易接受。

首先，在夫妻共同養育孩子的家庭中，誰應該要說什麼樣的話？接著又該做什麼樣的後援？這些都要事先商量一下比較好。

話雖這麼說，應該還是有很多家長會認為，夫妻一起為孩子進行性教育實在太令人害羞了，無論如何都辦不到。此時，試試看在遇到「因孩子而感到傷腦筋」的事情時，夫妻倆先以「順便商量一下」的形式來進行談話。我想，如果是關於孩子的事情，應該就自然能夠毫無排斥地討論。

例如：「我前幾天偶然發現兒子在YouTube上看一些有點色情的影片，該怎麼辦比較好？」等等。就像這樣，在遇到令自己感到困擾的話題時，如果能夠開口將它說出來，不也能夠消除夫妻之間難為情的感覺嗎？

如果並非夫妻共同養育孩子的家庭，那情況就稍微有些不同了。

我想，對於父親獨自養育孩子的家庭來說，要與進入青春期的女兒談論性方面的話題，難度還是很高。反之，對於母親獨自養育孩子的家庭來說，也可能無論如何都會對「與兒子談論初精的話題」有所抗拒。如果是這類情形，可以試著跟學校的健康教育老師或保健中心的護理人員商量，或者向親子共同信賴的大人（叔叔或阿姨等人）說明自己遇到的困難，並請對方協助與孩子談一談。

即便如此，還是覺得難為情的家長，我推薦各位可以上網找找民間非營利團體「PILCON」的網站[5]，當中提供的是針對國、高中生的內容，例如性教育動畫：

- 青春期的男生會發生什麼事？網址：https://youtu.be/KH45Lc7ie4I
- 關於乳房和其他諸如青春期的女生會發生事？網址：https://youtu.be/oCD-D61u4HSw

另外，我也推薦「Seicil」[6]這個為國、高中生開設的網站。

家長先自己看過網站的內容，再跟孩子談談：「你來看一下這個。」也是個很不錯的方法哦。

編按：台灣的兒童性教育資源，除教育部家庭教育資源網、各縣市政府教育局外，可參考勵馨基金會網站；「不會教小孩行動聯盟」[7]以「性平不小室」[8]實體空間舉辦性教育活動和體驗；Taiwan Bar「小黑啤 Beeru Kids」YT頻道「我是身體的主人」兒童性教育系列影集。

1 譯註：日本稱為「赤飯」，以糯米和紅豆或豇豆炊煮而成。
2 譯註：日本為了保障兒童福利所提出的收養制度之一，會在戶籍上斷絕孩子與親生父母的關係，並將孩子與養父母建立如同親生父母一般的關係。
3 編註：未成年懷孕求助網站，網址：https://257085.sfaa.gov.tw/
4 編註：這項法案正在修法中，將更名為「生育保健法」。
5 譯註：「PILCON」網站，網址：https://pilcon.org/
6 譯註：「Seicil」網站，網址：https://seicil.com/
7 編註：「不會教小孩行動聯盟」網址：https://www.notsotiny.org/nestroom
8 編註：「性平不小室」網址：https://tinybot.cc/notsotiny/

第1章

教導孩子關於「男孩」與「女孩」的身體構造

有時候，我會到學校進行性教育課程。
噹～噹～噹～噹～
詢問老師後，發現即使在幼兒園的階段，小朋友之間也可能會產生性方面的糾紛。舉例來說：
一大群女孩子將一名男孩子包圍起來，
把內褲脫掉，給我們看一下你的小雞雞！
像這樣威脅對方，
你的雞雞那麼小，應該沒辦法生小寶寶吧？
或是像這樣跟對方說。
或者是被朋友這樣批評。
雖然你的胸部變大了，但奶頭的顏色怎麼這麼奇怪啊！
要是被別人這麼說，任誰都會覺得非常受傷，也會感到十分苦惱。
!?
不能讓孩子只從網路上或成人影片中獲取性知識，為了不讓他們成為性傷害事件的加害者或受害者，好好地教導他們正確的性知識是非常重要的。

往後，隨著孩子不斷成長，各位也會遇到許多關於「身體」方面的煩惱。**身爲家長的我們，如果想要打造一個讓孩子能夠輕鬆與我們商量事情的環境，那麼從孩子年紀還小時，就與他們建立良好的關係也是非常重要的。**

另外，如同序章所說，您的孩子可能會產生許多疑問，例如：「為什麼媽媽沒有小雞雞呢？」或者：「小寶寶是從哪裡生出來的呢？」等等。

我也一樣，我的兩個兒子成長到3歲左右時，就開始問我各式各樣的問題。特別是在洗澡的時候，他們經常問我這類問題。我想，他們肯定是因為看到爸爸媽媽的身體，再與自己的身體比較過後，單純地產生許許多多不同的疑問。

當孩子提出疑問時，請不要蒙混過關，要認真回答他們的問題。這麼做才能讓孩子掌握正確的知識，成為父母守護孩子的一大步。

為此，本章將介紹該如何向孩子傳達「男孩的身體與女孩的身體之間的差異」。

急速成長
（青春期成長衝刺）
急速成長
SHIP
BASEBALL
0歲
3歲
10歲
初精
18歲
成長荷爾蒙
性荷爾蒙

【舉例】0歲誕生—3歲開始對陰莖感興趣—10歲之後經歷第一次射精（從幼兒開始到國中左右為止）

一旦說到如何在小寶寶出生的當下，便立即區別出小寶寶是男孩還是女孩，最大的身體特徵必定還是「有沒有陰莖」。對於男孩子本身來說，陰莖是一個非常讓人在意的存在。

大部分的男孩子在成長到3歲左右時，都會開始對陰莖產生興趣。他們開始觸摸陰莖，也想與朋友或父母比較自己的陰莖。在這個時期，他們會因為出於好奇心而提出各式各樣的問題。如果可以的話，家長最好能不要逃避，好好回答他們提出的疑問。

在男孩子成長到10歲之前，請告訴他初精（第一次射精）是什麼。要是在不明白任何相關知識的情況下就發生初精的話，他們可能會認為自己的身體是不是有什麼異常，並為此感到苦惱。

在男孩子升上國中之後，請教導他正確的自慰方法，以及關於性行為的知識。也許有些家長會認為「沒辦法向還是國中生的兒子說這種事」，或者「現在說這些還太早了」。但是，您的孩子也有可能在沒有任何性知識的情形下，就不小心讓別的女孩子懷孕。等到那個時候，要是感到後悔，認為「早知道就早一點教導他性知識了」也沒有用。

所以，還是請盡早對孩子進行性教育。

1-1 陰莖究竟是什麼？

陰莖的主要功能為以下3項：

1用來尿尿的器官。

2製造小寶寶的「原料」（陰莖兩側附著的「袋子」，也就是「陰囊」，裡面的「睪丸」可以製造出小寶寶的「原料」）。

3要製造小寶寶時，可以將小寶寶的「原料」傳送到媽媽那邊去（將精子傳送到卵子那裡）。

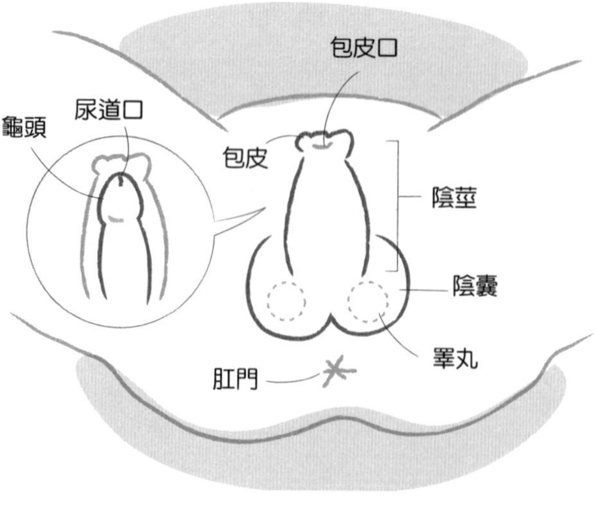

雖然尿液跟精子是從同一根管子裡出來的，但是它們沒辦法同時排出來。為了不在射精的時候也同時排出尿液，也為了不在尿尿的時候同時排出精液，陰莖裡有一個「蓋子」會閉合起來。

養育年紀還小的男孩子時，媽媽們最在意的陰莖問題就是「包莖」。所謂包莖，就是陰莖的前端被包皮覆蓋、龜頭無法顯露出來的狀態。基本上，小朋友的陰莖都是包莖的狀態，放著不管也沒關係。

如果無論如何都非常在意

包莖主要有兩種類型！

嬰兒陰莖的龜頭會被包皮覆蓋住（生理性包莖）。
如果看得見龜頭的話，有可能是尿道下裂等先天性的異常狀況，大多數都是在嬰兒出生的醫院確認的。
包莖主要可以分為兩大類。新生兒幾乎都是真性包莖。

真性包莖

由於覆蓋龜頭的包皮前端較狹窄，呈現即使將包皮往下拉也看不見龜頭的狀態。如果有「把包皮往下拉（推開）」的習慣，就會成為假性包莖。

龜頭沒辦法顯露出來。

假性包莖

把覆蓋住龜頭的包皮往下拉，即使不特別出力，龜頭也能自然地顯露出來的狀態。如果稍微能看到一點龜頭，就是假性包莖。

龜頭可以顯露出來。

的話，可以塗抹含有類固醇的藥膏，或者用手推開都是沒問題的。但如果做得太超過的話，陰莖會呈現宛如脖子被勒住的狀態，必須多注意。就算不勉強將它推開，等到14、15歲時，包皮也會自然地翻開。不過，如果過了青春期之後，包皮還是沒有翻開的話，請到醫院就診。

〈搭話的方法①〉如果孩子是在幼兒期，就「稱讚他的小雞雞」

男孩子非常喜歡自己的陰莖。

陰莖可以說是男孩子自尊心的象徵。

男孩子成長到3歲之後，會開始比較自己的陰莖和朋友的陰莖，也會在意誰的比較大、誰的比較小等等。如果要看自己的陰莖的話，是從正上方看，無法看到整體的大小，所以會覺得自己的陰莖比較小。相反的，因為看朋友的陰莖時，是從旁邊看，會覺得朋友的陰莖看起來比自己的還要大。

我想，各位讀者當中，應該沒有人是因為陰莖的大小而喜歡上某個人的吧。而且，無論陰莖是大或小，對製造小寶寶來說，也完全沒有任何問題。只要有成人的小指頭的長度，就有可能進行性行為。

看到孩子的陰莖時，請這麼跟他說：

「你的小雞雞長得眞好呢！」

這麼做的話，孩子也能對自己的陰莖抱持自信，並培養他的自尊心。

〈搭話的方法②〉在摸陰莖之前與之後，要把手洗一洗

家裡有養育男孩子的父母親，是不是很多人都曾遇過這樣的經驗？看到孩子摸著陰莖玩耍的模樣，被嚇了一跳，不知道該怎麼跟孩子搭話比較好。

印象中，我的兒子還在上幼兒園時，我也曾因為看到他在洗澡時摸了自己的小雞雞而嚇了一跳。對於年紀還小的男孩子來說，陰莖不僅很柔軟，觸摸它的時候還會擺動（男孩就算年紀還小也會經歷晨勃），他們肯定覺得有趣得不得了。

而且，陰莖摸起來很溫暖，不知為何總會讓他們感到十分安心。

此時，希望家長能注意的是，不要不分青紅皀白地就跟孩子說：「不可以摸自己的小雞雞！」

如果父母看到孩子在摸陰莖時，一臉嫌惡地對孩子說：「不可以碰，這樣很髒！」那麼孩子就有可能會認為：「原來我的小雞雞是很髒的東西啊！」或者覺得：「只要提到小雞雞的話題，媽媽就會一臉不高興的樣子，所以這件事是不能說的啊！」如此一來，即使之後孩子遇到什麼有關於陰莖的煩惱或疑問，也不會再與家長商量了。

首先，請溫柔地告訴孩子：「要摸小雞雞沒關係，但是在摸之前與摸之後，要記得把手洗一洗。因為如果細菌跑進去的話，不只會造成小雞雞腫脹，還可能會發燒，或感到疼痛哦。」

此外，還有一點很重要。請教導孩子：「要摸小雞雞的話，只能在家裡摸。不可以在外面摸小雞雞，也不可以在外面講有關小雞雞的事。可能有些朋友會很大聲地談論小雞雞的事，還把小雞雞拿來開玩笑，但有些朋友也可能會不喜歡聽到這個話題哦。還有，你只能摸自己的小雞雞哦。不可以摸朋友的小雞雞。因為對朋友來說，那裡是非常重要的部位哦。」

只說一次、兩次的話，孩子可能會聽不太進去。持續傳達是非常重要的。這麼做的話，孩子在別人面前感到緊張時，不會再伸手去觸摸自己的陰莖，也能夠防止孩子在別人面前掏出自己的陰莖。

1-2 關於幼兒期的自慰行為

關於自慰，可以區分為「不知道這個行為的用意是什麼就會觸摸私密處的時期」，以及「在某種程度上了解自慰是什麼而去做的時期」。以男孩子的情況來說，是伴隨著射精開始的時期；以女孩子的情況來說，是迎接初經過後的青春期。這兩個時期的自慰行為，與幼兒期的自慰行為是不一樣的。

不論性別，孩子在幼兒期觸碰自己的生殖器，或者做出類似自慰的行為，這些都不是什麼稀奇的事。幼兒期的自慰行為，稱為「幼兒自慰」。我想，看到孩子的自慰行為時，應該也有些家長會感到不知所措。但是請各位理解，這與青春期之後的「性行為」並不相同。

普遍來說，幼兒期的孩子會有自慰行爲，是爲了藉由觸碰自己的生殖器來排解不安與寂寞感，以此獲取安心感。但是，即便孩子有自慰行為，也請不要認為所有原因都來自於壓力。如果是男孩子的話，可能是因為觸摸它就會擺動，所以覺得很好玩——他們經常以不同於大人的想法來行動。

而有些人則是單純認為摸起來很舒服，或者能感到安心等理由才會這麼做。因此，父母沒必要拚命想著「為了不讓孩子自慰，必須消除他的壓力」。

要是父母以否定的目光看待有自慰行為的孩子，那麼孩子就會認為「自慰是不能做的行為」。但我想，如果能夠好好地向孩子說明做這件事的規矩，告訴他「並不是這樣的，你可以做，只是不可以在別人面前做」的話就好了。

〈搭話的方法①〉撞見幼兒自慰時

即使孩子在觸碰自己的生殖器，也請您不要斥責他，或者突然阻止他。這麼做的話，孩子可能會認為自慰是不能做的行為，也可能無法得到安心感。

〈搭話的方法②〉告訴孩子「不能在別人面前做這件事」

如果撞見幼兒自慰時，就這麼告訴他：「這就好像是在外面把你的屁屁或小雞雞露

出來一樣，所以不能在別人的面前這樣做哦！」

另外，也請告訴他：「有些人可能會因為看到你在摸小雞雞而感到不愉快，無論感情再怎麼好的人，都不能隨便給對方看哦。就算是在爸爸媽媽面前也一樣。雖然摸自己的小雞雞並不是壞事，也不是骯髒的事，但是如果你要做的話，還是要在只有你自己一個人的地方做哦。」

可以自慰的地點，包含孩子自己的房間、家裡的廁所或浴室。此外，要用洗乾淨的手觸摸，不能給生殖器帶來強烈的刺激……等等。請把這些事都教導給孩子。

就算對父母來說是理所當然的事情，孩子也有可能會不明白，所以請您好好地教導他。也請您不要忘記，能夠教導他這些的，就只有父母了。

1-3 什麼是初精？為什麼精液是白色的？

所謂「初精」，是指男孩子的身體在成長的過程當中，生平第一次體會到射精的情形。「射精」是指在性興奮達到最高點時，從陰莖釋放出精液的狀態。

這裡就來說明引發「射精」的原理。

陰莖內有塊叫做「海綿體」的海綿狀物體，如果產生性興奮，或者受到外部刺激，就會充血膨脹，使陰莖變硬。這就是「勃起」。勃起之後，精液會從陰莖前端的尿道口流出。這就叫做「射精」。

「精液」是從男孩子的生殖器官（睪丸、前列腺、精囊）中分泌出來的，一種含有精子的乳白色液體。精液之所以是白色的，是因為精液當中含有白色的「精漿」，提供精子活動所需的營養成分。而「精子」，則是從睪丸生成的一種「製造寶寶的原料」。

在一次射精排出的精液之中，會有約1億至4億隻外型長得像蝌蚪的精子在游動。

〈搭話的方法①〉能教導孩子什麼是初精嗎？

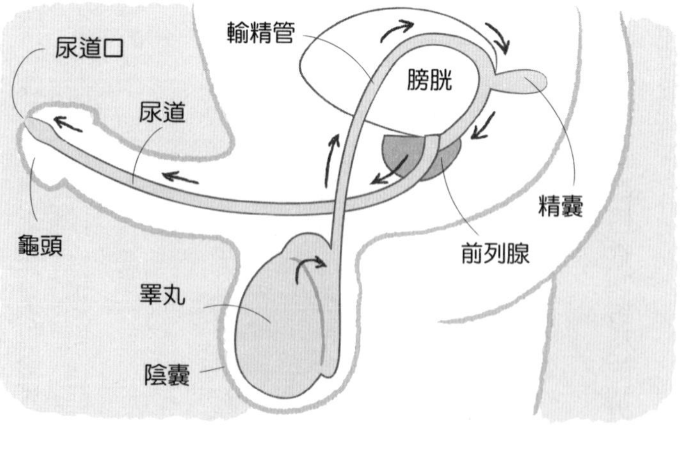

尿道口
輸精管
膀胱
尿道
精囊
龜頭
前列腺
睪丸
陰囊

我曾經遇過有人找我商量，表示自己「不知道該如何教導孩子關於初精的知識」。尤其如果要由媽媽來向孩子說明初精的相關知識的話，可能也有些人會覺得：「這實在有點難以開口。」

孩子升上小學之後，男孩女孩分開來行動的機會變多，與此同時，孩子說出：「因為我是男孩子嘛。」這類與性別相關的發言，應該也會越來越多。對父母來說，這個時期除了最容易開口教導孩子什麼是初精之外，孩子也處在一個不會抗拒聆聽父母意見的年齡。

向孩子傳達的時候，首先請這麼教導他們：「『初精』是長大的一步。」並請告訴他們：「經歷過初精之後，就代表身體能夠生成『製造寶寶的原料』，這是你成長的證明。」

〈搭話的方法②〉在10歲之前教導他們

一般來說，初精會發生在10歲到18歲之間。

在孩子成長到10歲（小學四年級）之前，請告訴他們與初精有關的知識。

我曾在大兒子8歲時，與他討論過「製造寶寶的原料」，也就是與「精子和卵子」相關的話題。我當時是這麼跟他說的：「等你長到10歲左右，你也可能會在睡覺時，或者偶然間就從尿尿的地方流出黏黏的白色液體哦。那個東西叫做精液，是男孩子製造小寶寶的原料哦。開始流出精液，就是你的身體已經成長爲大人身體的證據哦。如果你的內褲沾到精液，不要就這樣直接放到洗衣機裡，記得要先自己先將內褲洗一洗之後，再放到洗衣機裡面去洗哦。」

雖然大兒子說了一句：「這樣嗎？真討厭！」但是聽到「這是成長為大人身體的證據」之後，似乎也覺得這並非難以接受的事情。

在一無所知的狀態下迎來初精的男孩子，可能會因為無法與任何人商量，或者認為自己是不是生病了而感到十分苦惱；他們也可能把沾有精液的內褲丟掉，或者就這樣直接丟到洗衣機裡。所以，請您務必提起勇氣，好好向孩子傳達初精的知識。

1-4 體驗過初精之後的自慰

男孩子大約成長到10歲之後，就會經歷初精。體驗過初精之後自慰的話，會在勃起後從陰莖的前端流出精液，因此這個行為也該被稱為「性行為」。這與在幼兒期因觸摸陰莖而感到安心或放鬆的情形並不相同。

青春期之後的自慰，是在陰莖觸碰到什麼東西時，或者想到什麼色情的事情時而勃起。碰觸生殖器時，會產生很舒服的感覺。並且，也會有想要把精液排出的想法。

如果父母親看到青春期的孩子在自慰，或者發現洗衣機裡面有沾到精液的內褲，請告訴孩子，自慰是極其自然的行為，它既不骯髒也不羞恥。不過，也要同時告訴孩子，自慰行為也有該遵守的規矩。

〈搭話的方法①〉教導孩子自慰行為該有的規矩

孩子成長到10歲之前，教導他自慰的禮儀。

手淫的英文是masturbation，其語源來自拉丁文的「以手褻瀆」，近年來認為這不是一個很好的詞語。現在，越來越多人會選擇使用「自慰」（self-pleasure，使自己感到愉悅）這個說法。

男孩子自慰的規矩：

1不在別人的面前做。要在能夠確保隱私的地方進行，例如廁所或自己的房間。

2使用過的衛生紙要放進塑膠袋裡，綁好後扔掉。或者使用可沖式溼紙巾，將它丟入馬桶沖掉。

3不要用「地板式自慰」[1]，也不能強力握住陰莖給予刺激！

4把手洗乾淨之後再做。

〈搭話的方法②〉不要進行伴隨強烈刺激的自慰

如果習慣了將陰莖壓在地板或被褥上進行的「地板式自慰」；或者使用無法從一般的性交中得到滿足的方式，來強力握住陰莖給予刺激的話，將來可能出現無法在陰道內射精的情形，導致男性不孕症。

儘管男性每天都能產生精子，但是就算沒有射精，精子也會被自然吸收，所以沒有必要勉強將精液排出。過度自慰並不是不行，請告訴孩子，想做就做，不想做也沒關係。

如果媽媽無論如何都無法自己開口向孩子說明的話，可以拜託爸爸去說，也可以將這本書悄悄地遞給孩子。另外，還有一些非常容易就能夠理解的性教育影片[2]，當中會介紹關於自慰的內容，讓孩子看看那些影片也是不錯的選擇。

---

1 譯註：趴在地板或床鋪上，按壓或摩擦陰莖進行自慰。也稱為「伏壓式自慰」。

2 編註：建議參考Taiwan Bar「小黑啤Beeru Kids」YT頻道「我是身體的主人」，兒童性教育影片。

如何教「女孩的身體構造」

急速成長
（青春期成長衝刺）
急速成長
0歲
3歲
8歲
20歲
10歲至13歲之間迎來初經
成長荷爾蒙
性荷爾蒙

女孩子可能是在胸部開始隆起的時候，才開始清楚地意識到自己的性別。從月經週期開始前一年左右，女孩子的乳房便會開始長大。

發育比較快的女孩子，大約在小學三年級時，乳房就會開始隆起，家長請留心準備內衣給孩子穿。在學校教導月經的知識之前，有些女孩子就已經迎來初經了。所以在那之前，也請家長先在家裡教導孩子月經的知識。

因為學校不太會具體教導月經的相關知識，要請家長在家中教導孩子衛生棉的使用方法等事項。如果是父親獨自養育孩子的家庭，或者認為「這麼具體教導實在有點害羞，沒辦法做到……」的話，那麼讓孩子看看這本書的插圖，以此作為說明也是個不錯的做法。

2-1 陰道究竟是什麼？

陰道的功能有3個。

1將經血（小寶寶的床鋪）運出體外。

2製造小寶寶時，讓男性放入陰莖的地方（將男性那邊的小寶寶原料，也就是「精子」，傳送到女性的子宮內部）。

3生產小寶寶的通道。

因為具有以上3個功能，陰道也被稱為「生命的通道」。

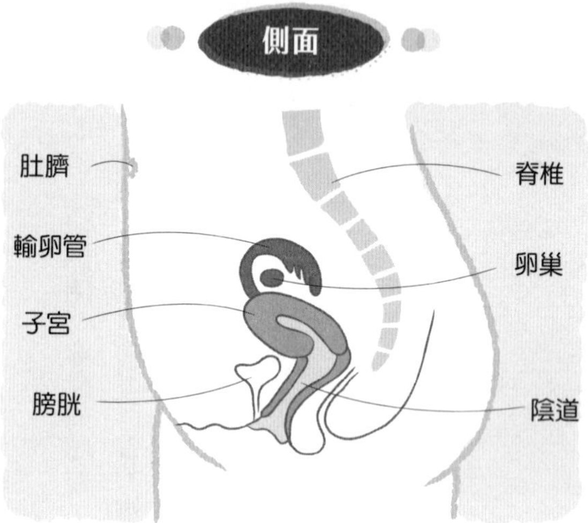
側面
肚臍
輸卵管
子宮
膀胱
脊椎
卵巢
陰道

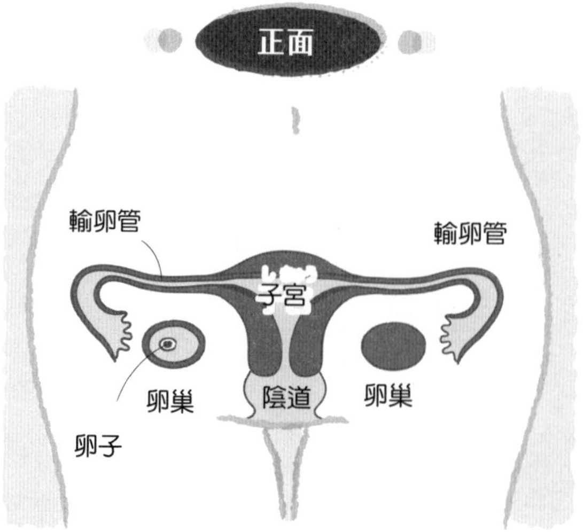
正面
輸卵管
輸卵管
子宮
卵巢
陰道
卵巢
卵子

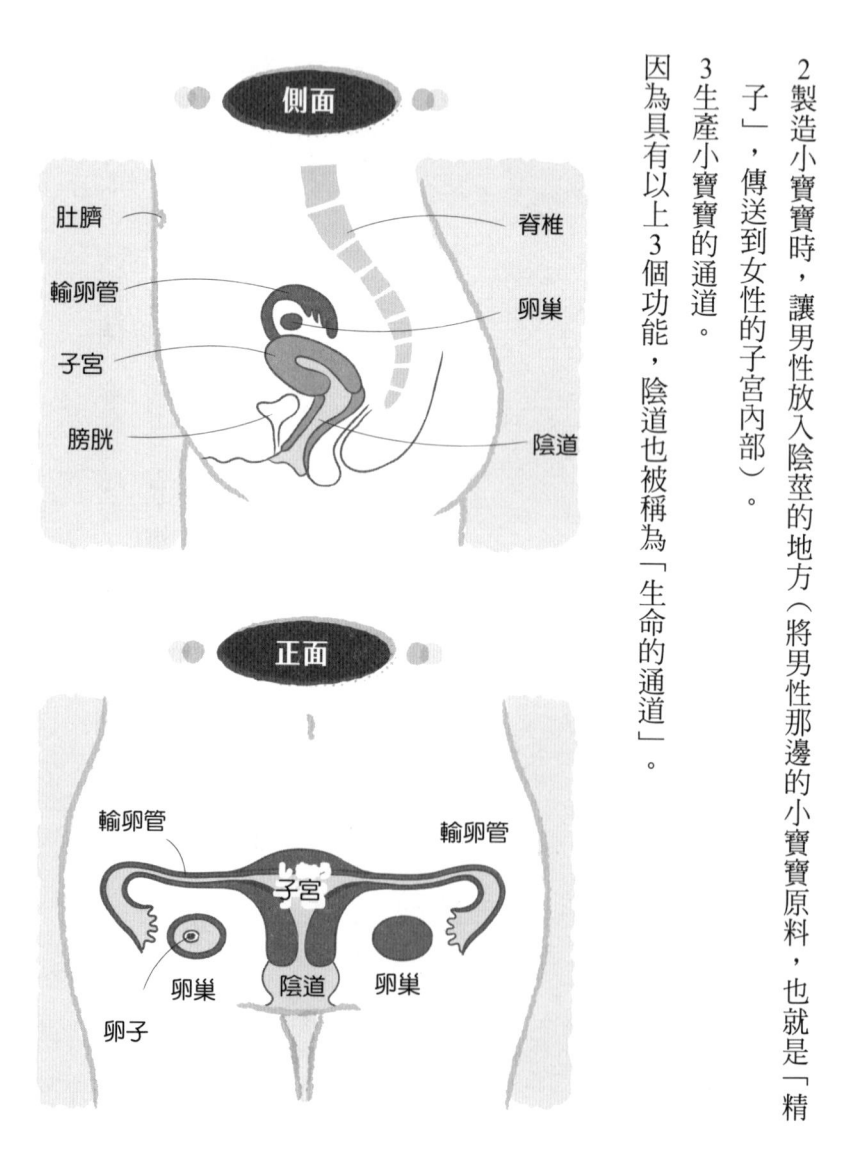

〈搭話的方法①〉有必要教導女孩子關於「陰道」的知識嗎？

當然，從女孩子還小的時候，就教導她與「陰道」相關的知識是很重要的。與男孩子不同，即便脫下褲子，也無法從外面看到女孩子的性器官，也就是「陰道」。正因如此，如果不在孩子年紀還小時，就教導她「陰道是很重要的部位」，可能會遭遇意想不到的事故。

序章也有提到，所謂意想不到的事故，就是孩子玩耍的時候不穿內褲，意外將彈珠放入陰道裡等意外。要是放得太裡面就會很難拿出來，最後只好去醫院將其取出。

陰道是非常重要的部位。我們不能忘記，必須告訴孩子「不能在別人面前露出來，也不能隨便讓別人碰」。否則，孩子就有可能變得毫無防備，甚至成為性犯罪事件的受害者。

〈搭話的方法②〉每個人外生殖器的顏色和形狀都長得不一樣哦

在婦科進行診療時，我發現似乎很多人都沒有直接看過自己的外生殖器。與男孩子不同，女孩子若要看自己的外生殖器，必須使用鏡子才能看清楚。另外，性教育也沒有教導女孩子「看一看自己的外生殖器」的重要性。或許，這就是許多女孩子沒有直接看過自己的外生殖器的原因。就像每個人的容貌都長得不同，每個人外生殖器的顏色、形狀、大小，也都存在個體差異。

有些女孩子因為被男朋友說「性器官的形狀長得很奇怪」，或者「小陰唇很小」、「小陰唇很大」……等等，而苦惱許久。如果沒有好好地接受正確的性教育，只會依賴成人影片，或從網路上接收性知識的話，就會爲了這些本來不需要苦惱的事情而苦惱，並爲此感到受傷。

如果透過從小就傳授給孩子正確的性知識，能讓他們不對自己的性器官抱有自卑感就好了。

2-2 女孩的胸部為什麼會長大？

說到底，為什麼女孩子的胸部會長大？

這與女性荷爾蒙有關。女孩子的身體在成長為大人的過程當中，從卵巢分泌的女性荷爾蒙會變得活躍。因為這個作用，女孩子的乳房開始隆起，並變得圓潤。這是女孩子的身體在成長為大人身體時，最先發生的變化。

〈準備的方法①〉如果胸部開始隆起的話

如果女孩子的胸部開始隆起的話，請將胸部區塊設計成雙層結構的坦克背心或吊帶背心，悄悄地放在她的衣櫃裡。

總而言之，「若無其事地放入衣櫃」才是關鍵要點。許多女孩子對自己的身體變化非常敏感，當中也有很多人會希望周圍的人能夠盡量不要碰觸到這個話題。在我上小學時，也曾經因為父親當面對我說：「妳的胸部長大了呢！」而感到羞愧不已，甚至開始覺得父親很討厭。

普遍來說，初經（出生後第一次的月經）的平均年齡約為12歲。初經來臨的一年前，胸部會開始隆起，所以在女孩子成長到10歲前，請為她準備胸部區塊設計成雙層結構的內衣。

〈準備的方法②〉什麼時候要開始穿運動內衣或少女內衣？

如果女孩子的胸部向左右兩側生長的話，就為她和她的朋友一起準備運動內衣，或者少女內衣。

對女孩子來說，要從原本穿的坦克背心或吊帶背心，改為穿運動內衣或少女內衣這類款式，是存在著極大障礙的。許多女孩子會因為認為「明明朋友都還沒換成運動內衣，自己卻先換穿運動內衣了」，而產生抗拒心理。為此，請與孩子的朋友的媽媽合作，讓孩子與朋友一起去購買運動內衣。我想，如果能讓她們購買一樣的內衣，應該就可以讓孩子不再排斥換上新的內衣了。

最近的小學生體格非常好，不少女孩子的胸部發育得很大。然而有時候，我們會看到一些女孩子在沒穿內衣的狀態下做體操的模樣。在公共場合讓他人看到胸部搖晃的樣子，可能會成為性犯罪者下手的目標。希望各位家長，也能夠隨著孩子身體的發育，在適當的時期讓孩子開始穿內衣。

〈準備的方法③〉私密處開始長出毛髮的時候

關於女孩子身體的成長過程，首先是胸部會開始隆起，接著私密處會開始長出毛髮，不久後就會迎來初經。

如果女孩子的私密處開始長出毛髮的話，就為她準備月經用品組（吸經血內褲、放月經用品的小包包、衛生棉等等）。

私密處開始長出毛髮，也代表著差不多要迎來初經了。

這個時候，或許使用「朋友策略」也很不錯。讓孩子與朋友一起去購買月經用品，一起選擇可愛的生理褲、小包包、衛生棉等，也是個很好的做法。

因為有可能在畢業旅行或參加需要在外地過夜的研習活動時迎來初經，所以請家長盡早準備好生理用品交給孩子。如果是父親單獨養育孩子的家庭，或許父女彼此都會感到有點不知所措。可以試著諮詢學校保健室的老師，或者與孩子朋友的母親商量，應該都是不錯的方法。

2-3 什麼是月經？為什麼每個月都會來？

月經來臨之後，女孩子的身體就已經做好了生小寶寶的準備。

月經大約每個月會來一次，為了確保在製造小寶寶的時候能夠不出問題，子宮會為小寶寶準備好床鋪（準確來說，是為了讓受精卵著床而使子宮內膜增厚）。如果此時沒有製造出小寶寶，就不再需要為小寶寶準備好的床鋪了。於是，它就會被排出體外，叫做「經血」。這個現象每個月都會重複，也就是「生理期」。正確來說，生理期又稱為「月經」。

若問到為什麼月經每個月都會來，那是因為女孩子的身體受到女性荷爾蒙（為身體塑造女性特質的分泌物）的影響，每個月都會以一定的規律，將儲存在身體裡的「製造小寶寶的原料（卵子）」排出。

〈搭話的方法①〉在初經來臨之前教導孩子

因為體質差異等因素，每個人迎來初經的年齡也存在個體差異。不過，如果不到十歲就迎來初經，或者15歲之後還沒迎來初經的話，請到婦產科一趟，找醫師諮詢。

初經開始之後的一至兩年，即便排經不順也沒有關係。因為在月經週期開始的頭兩年左右，女性荷爾蒙的分泌並不穩定。

如果仍然不放心，也請您到婦產科與醫師商量看看。即使前往婦產科諮詢，也可以不用坐到檢診台上看診，而是進行問診或腹部超音波檢查，所以不必太過擔心。

〈搭話的方法②〉教導孩子衛生棉的使用方法

1 撕開衛生棉外包裝紙上附的膠條，將包裝紙攤開後直接從紙上取下衛生棉。

2 將衛生棉附有黏膠的那一面，筆直地貼在內褲褲襠的正中間。

如果是夜用型等長度較長的衛生棉，前後是有區別的。如果是沒有翅膀的衛生棉，這樣貼好就OK了！

3 如果是有翅膀的衛生棉，請將翅膀往下摺到內褲褲檔的背面。順帶一提，如果擔心經血量多的日子會側漏的話，就選擇有翅膀的衛生棉。另外，生理褲黏貼衛生棉的部分是設計成雙層構造的，從外側也看不到衛生棉的翅膀，所以如果是在換穿體育服等會介意旁人目光的時刻，選擇穿生理褲也很不錯哦。

4 要穿內褲的時候，注意不要讓衛生棉摺到或皺掉，小心地穿上內褲。

5 關於衛生棉的更換時機，請每隔兩、三個小時去一次廁所，換上新的衛生棉。要是長時間不更換衛生棉的話，可能會造成悶熱、溼疹、發癢等皮膚問題。

6 將使用過的衛生棉從內褲上撕下來，把沾有經血的那一面朝內側捲起來。更換新的衛生棉時，將新衛生棉的外包裝紙包住用過的衛生棉，再丟到垃圾桶裡。衛生棉沖到馬桶裡面會導致馬桶堵塞，請絕對不要

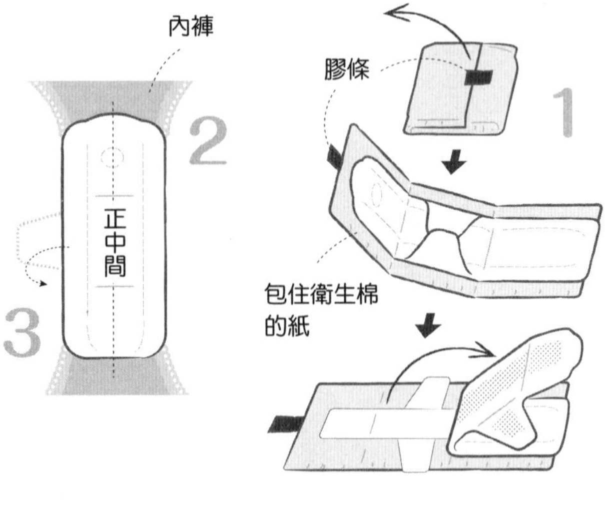

這麼做。

接著，請務必檢查馬桶座或地板上有沒有沾到自己的經血。自己弄髒的地方，就自行擦拭乾淨。

2-4 關於女孩的自慰

即便是女孩子，也有一些人從幼兒期開始就有自慰行為。

在幼兒期，即使並沒有意識到自己在做什麼，也會因為觸摸性器官時能感到安心，或者覺得很舒服，因而在日常生活中就這麼做。

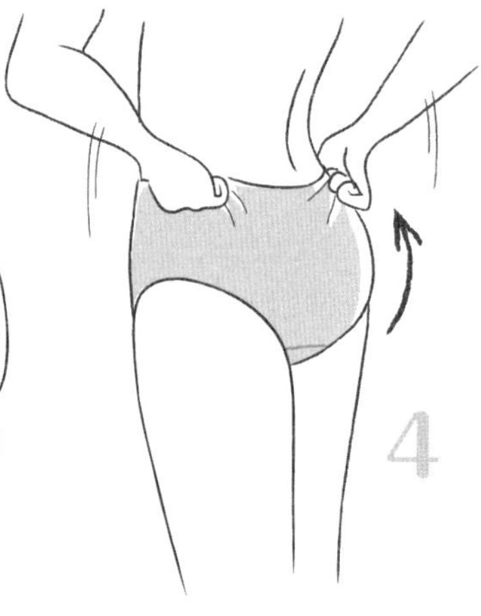

〈搭話的方法①〉告訴孩子「自慰不是什麼奇怪的行為」

有一些孩子認為，青春期的自慰行為是男孩子才會做的事情，女孩子做難道不奇怪嗎？我想，之所以會有這樣的想法，是因為他們沒有從正確的性教育當中學習到性知識，而是從網路上的資訊當中推斷出來的結果。

但是，請您告訴孩子「對女孩子來說，青春期的自慰行為也是非常自然的舉動」，只是不必因此就認為：「自己從來都沒有自慰過，是不是很反常的一件事？」有些孩子會頻繁地自慰，有些孩子則不怎麼自慰，也有些孩子是完全不會自慰。

是否會自慰、自慰的頻率如何，這些都存在個人差異，無法以「正常來說是這樣」的說法一概而論。

〈搭話的方法②〉女孩子自慰的注意事項

1 不在別人的面前做。要在能夠確保隱私的地方做，例如廁所或自己的房間。

2 把手清洗乾淨之後再做。如果有使用工具的話，請以除菌溼紙巾擦拭乾淨。

3 如果要將物品放入陰道內的話，不要放入比大拇指還小的東西。

4 結束後，請將陰道和尿道口清洗乾淨。

女孩子要注意的事項與男孩子沒有太大的區別。只是，因為遇過女孩子的陰道內部被塞入寶特瓶的瓶蓋、原子筆的筆蓋等物品而取不出來的情況，請不要把比大拇指還小的東西放入陰道裡面。若把物品放入陰道內部，導致東西取不出來的話，可能會引起發炎，務必多加注意。

與男孩子不同，女孩子的尿道比較短，如果用不乾淨的手觸摸私密處可能會造成膀胱炎。此外，由於陰道和肛門位置相近，肛門附近的細菌進入陰道內部的話，可能會引發陰道炎。或者，細菌從陰道擴散至腹腔中，造成腹部發炎。因此，想要自慰的話，最重要的還是把手清洗乾淨之後再做。

如何教「小嬰兒是怎麼出生的」？

您是否曾被孩子問過：「我是從哪裡生出來的？」

如果是剖腹產的話，因為媽媽的肚子上有傷口，所以很容易就能夠對孩子說：「你是從這裡生出來的。」我生長子和次子時，都是以剖腹的方式生產，因為兩個傷口並不相同，所以我是這樣跟他們說的：「哥哥是從這個傷口生出來的，弟弟是從另外這個傷口生出來的哦。」

如果是自然產的話，也有不少父母會因為不知道該如何向孩子說明這件事而感到十分苦惱。

在這個時候，請不要以「是送子鳥把你帶過來的哦！」這種虛幻的說法來逃避問題，而是告訴孩子正確的生產方式，以及其可能面臨的風險。

3-1 小嬰兒究竟是怎麼生出來的？

請向孩子說明，生產小寶寶的方法，大致上可以區分為兩種。

第一種，是經由陰道生產的方法，也就是「陰道分娩」。請這麼告訴孩子：「媽媽的身體裡有一個叫做陰道的地方，它就在尿尿的地方跟便便的地方的正中間，那是可以讓小寶寶通過的通道哦。小寶寶就是從這個生命的通道裡生出來的哦。」

第二種，是把肚子切開的生產方法，也就是「剖腹產」。請這麼告訴孩子：「如果透過陰道生產的方法，怎麼樣也無法將小寶寶生出來的話，就會把媽媽的肚子切開，把小寶寶取出來哦。」

〈傳達的方法①〉媽媽和小寶寶是共同合作生產的

小寶寶剛出生時，頭部大約像葡萄柚那麼大。

無論是小寶寶還是媽媽，都會為了讓小寶寶從媽媽的肚子裡生出來而拚命地努力。

然而在生產的過程當中，不只媽媽可能會感到痛苦，小寶寶也可能會感到痛苦，使得小寶寶無論如何都沒辦法從陰道中生產出來。此時，也可能會在小寶寶的頭上裝上器具，將小寶寶拉取出來。

為了減輕從陰道生產小寶寶的痛苦，有時候也會在媽媽的背上打針，這就叫做「無痛分娩」。

另外，如果無論如何小寶寶都無法透過陰道生產，例如小寶寶還太小，或者因為疾病所以很難從陰道生產，以及胎位不正（頭上腳下）等情況，就會切開媽媽的肚子來取出小寶寶。媽媽在切開肚子之後，傷口會感到疼痛，跟一般從陰道生產的情況相比，剖腹產也會流更多血。除了可能需要輸血，甚至也有可能危及生命。

無論以哪一種方式生下小寶寶，媽媽都是和小寶寶共同合作生產的。請告訴孩子，不管是哪一種生產方法，最重要的是媽媽和小寶寶都能夠平安健康。

〈傳達的方法②〉可以告訴孩子「不是透過送子鳥，而是經由性行為誕生的」嗎？

我想，在向孩子說明「小寶寶是怎麼來的」時，家長應該會感到非常緊張。但是，

孩子可能會聽到別人這麼說：
你長得跟媽媽很像呢。你這種個性跟爸爸很像呢。
聽到這些話之後，孩子就會知道，自己的出生是與爸爸和媽媽有關係的。
此時，
你的外貌和性格會跟爸爸媽媽很像，是因為爸爸的「小寶寶原料」傳送到媽媽的「小寶寶原料」這裡來了哦。
這麼告訴孩子。
那……是怎麼傳送的？
如果孩子這麼問的話，
不妨跟孩子說說他們喜歡的「昆蟲交配」的話題。
獨角仙的公蟲和母蟲，
公蟲會把牠的小雞雞放到母蟲的肚子裡面，
公蟲和母蟲的「小寶寶原料」就會結合、受精。
這就叫做「交配」哦。
請這麼向孩子說明。
哦～
雖然孩子聽完解釋之後，可能會這麼回應。
不這樣做的話，就沒辦法有小寶寶哦。如果是人類交配，我們會把它叫做「性行為」哦。
像這樣清楚地教導孩子。

如果在這個時候選擇蒙混過關，就會抹消掉孩子「想要了解」的心情，所以請您實話實說。家長如果想要不感到尷尬地向孩子說明的話，關鍵是把這件事當作「與生物相關的事情」，抱持著「講解生物原理」的心情來教導孩子。

〈傳達的方法③〉如果是以不孕症治療的方式生產，該如何向孩子說明？

如果是藉由接受不孕症治療的方式而受孕的話，或許有些人也會猶豫該不該告訴孩子這件事。

但是，孩子可能會問我們：「我是從哪裡來的呢？」此時，誠實地向他說明不孕症治療的事情，告訴他：「媽媽的『小寶寶原料』和爸爸的『小寶寶原料』，並不是自然結合的哦。所以你不是因為這樣子誕生的哦。」也無妨。

「媽媽的『小寶寶原料』和爸爸的『小寶寶原料』在相遇之前，遇到了好多不同的障礙。就像障礙賽一樣，跑到終點之前，會遇到水坑，還要穿過隧道。媽媽的『小寶寶原料（卵子）』和爸爸的『小寶寶原料（精子）』，也是跨越了各種不同的障礙才終於結合的哦。

但是，爸爸媽媽沒辦法只靠自己的力量來讓『小寶寶的原料』合體。所以，為了要生下小寶寶，我們請醫生幫忙讓卵子跟精子合體。像這樣子的治療，就叫做『不孕症治療』哦。」請這麼向孩子說明。

「不過，無論是透過這樣的治療來生產，還是透過自然的方式生產，生命都是非常寶貴的，這一點是不會改變的哦。」如果這麼教導孩子的話，孩子應該也能以肯定的心態面對「透過不孕症治療的方式出生」這件事才對。

另外，孩子成長到國中生左右的年紀時，也請一起告訴他「過了懷孕適齡期（20歲至35歲）後，自然懷孕的機率就會降低」。如果不知道這些知識的話，他們很可能會在不知不覺中就錯過能夠自然懷孕的年齡。

3-2 生孩子要冒著生命危險?!也教產後的相關事項

即使在日本，每年也有約40人因懷孕、生產造成的變故而去世。自古以來，人們就常說「生孩子拿命拚」，此言未必虛假。

編按：根據衛福部統計處資料[1]，二〇二一年日本的孕產婦死亡率為每十萬人中3.4%，台灣則是每10萬人中14%，相當於4.1倍。二〇二一年國發會「降低孕產婦及新生兒死亡率工作目標報告」[2]中提到，此數值與少子化導致基數減少，以及高齡產婦人數上升有關。

孕婦在家中突然暈倒，腹中的寶寶也呈現瀕死狀態，雖然孩子勉強活了下來，母親卻不幸死亡。反之，也可能會遇到雖然救回母親一命，孩子卻不幸離世的狀況。

希望家長也能告訴孩子，雖然懷孕、生產是非常神聖的事情，但也可能危及性命。在與孩子說明產後相關之事時，將媽媽的「身體變化」與「心境變化」分開來解釋的話，應該也會比較好理解。

〈傳達的方法①〉了解媽媽在生產後的身體變化

生完小寶寶之後，媽媽的身體內部會產生很多變化。請仔細地將這些變化逐一告訴孩子。

「因爲懷孕而變大的子宮，會在生產之後漸漸恢復成原來的大小哦。」

「爲了讓小寶寶吸吮，媽媽的胸部會開始分泌母乳。如果流出母乳的管子堵塞的話，就會發生乳腺炎，乳房會變紅也會發熱哦。」

除此之外，「因爲要爲生產做準備，媽媽的血液會變得很容易凝固，凝固的血液可能會堵住原本要讓血液流通的血管哦。如果那些血塊跑到胸腔去的話，就會變得沒辦法呼吸，甚至有可能會死掉哦。」

〈傳達的方法②〉生產後，媽媽的心思會非常敏感

懷孕期間，媽媽的身體裡會形成一個叫做「胎盤」的器官，並且以胎盤連接的臍帶傳遞營養給小寶寶。因為胎盤會分泌許多能使人充滿元氣的成分，所以在多數情況下，媽媽都會以非常幸福的心情度過懷孕的時期。

但是生產完之後，小寶寶和胎盤都會脫離媽媽的身體，媽媽會感到非常悲傷，也會覺得非常寂寞。

再加上生下小寶寶之後，媽媽可能會為了照顧小寶寶而無法在夜晚入睡，或者會遇到小寶寶哭泣不止的狀況，也有許多事情都無法按照自己所想的去進行。如果持續處於這樣的狀態之下，媽媽會失去精力，甚至可能會產生想要結束生命的心情。為了不造成這樣的局面，能有人在媽媽身邊幫助她是非常重要的哦。請將這些事情傳達給孩子知道。

1 編註：衛福部統計處網站「孕婦死亡率」，網址：詳見https://dep.mohw.gov.tw/DOS/cp-5113-45169-113.html

2 編註：請以「國發會降低孕產婦及新生兒死亡率工作目標報告」為關鍵字上網下載報告書，共16頁。

三代子醫師 4

如何向孩子解釋懷孕的原理？

前幾天，小學三年級的兒子這樣問我……
為什麼男生跟女生的小雞雞長得不一樣？為什麼男生的小雞雞會凸出來？
像這樣由孩子提出疑問的時候，就是教導孩子的最佳時機。
哦哦！機會來了！但是能好好傳達嗎？好緊張。
我跟你說哦，
男生和女生的身體裡面，都擁有能夠製造小寶寶的原料。只有讓男生和女生各自的小寶寶原料結合，才能產生出小寶寶哦。必須要讓男生蛋蛋（睪丸）裡的小寶寶原料（精子），還有女生肚子裡的小寶寶原料（卵子）相遇才行。女生尿尿的地方和便便的地方中間，有一個小寶寶的通道（陰道）。因為精子接觸空氣就會死掉，所以男生會把雞雞放到那個通道裡面，然後把小寶寶的原料傳送到女生的肚子裡面哦。
我是這樣回答他的。
聽完之後，大兒子這樣子問我。
做這樣羞羞臉的事情可以嗎？
但我跟他說：
這跟昆蟲或小狗交配是一樣的哦。
大家都是這樣子出生的哦。但是這麼做的話會製造出小寶寶，所以要在成為一個能夠好好養育小孩的大人時才可以做哦。
這樣啊……我知道了。
大兒子是這樣子回答我的。

雖然不知道他明白了多少，但重要的是，當孩子像這樣直率地提出疑問時，我們能夠好好地向他說明。

當孩子對性行為或懷孕的原理感興趣時，如果父母能夠好好地回答孩子提出的問題，孩子便會覺得「問父母這些問題也沒關係」，下次有疑問會再來詢問父母。

如果此時父母面露難色，孩子會認為「問父母這些問題的話，他們會擺出不高興的表情，以後還是不要再問他們了」。所以，必須多加留意才行。

不過，即使已經顯露過感到很困擾的表情也沒關係。

不僅是與性有關的話題，如果在其他事情上，孩子也能感受到父母有好好地接受自己所提出的疑問，那麼肯定會迎來下一次的機會。下次就這麼對孩子說：「你真是問了一個好問題呢！」

對於無法馬上回答的問題，如果能告訴孩子：「**媽媽自己也不太明白，等我仔細查證之後再回答你哦！**」的話，孩子也能夠感到安心。我也曾經有好幾次都是透過這樣的回答來克服難關的。

4-1 孩子成長到3歲時，向他們說明懷孕的原理

各位讀者當中，有誰曾經透過別人的教導，好好地學到懷孕的原理嗎？

我曾在大學的課堂當中，學習到「精子和卵子會在輸卵管當中受精，反覆進行細胞分裂，最後在子宮內膜著床」這樣的知識。但是，我從來沒有從任何人那裡學到有關於性行為的詳細知識。

我所擁有的，都只是在雜誌、漫畫、書本，或者電視節目當中，接觸到的一些模模糊糊的知識而已。

本來，最理想的狀態應該是由學校和父母攜手合作，持續教導孩子性教育。然而，在等待學校進行嚴密的性教育途中，無論是您的孩子，還是我的孩子，很快就會迎來青春期。

在自己的孩子體驗第一次性行為之前，希望家長能夠擔負起做父母的責任，教導孩子正確的知識。

在此，我將向各位介紹，如何對孩子傳達性行為和懷孕原理的相關知識。

孩子成長到3歲之後，有必要慢慢告訴孩子關於性行為與懷孕原理的知識。

「什麼！3歲?!」應該有人會這麼想。不過，對各式各樣的事情都開始感興趣的年紀，也最能夠毫無抵抗地開始談論性的話題。

首先，讓我們試著與孩子談談「魚會在同一個時機一起排出精子和卵子」的話題，或者，和孩子一起看昆蟲或動物交配的繪本。

〈搭話的方法①〉小寶寶的原料存放在身體的哪裡？

首先，請教導孩子，無論是男孩子還是女孩子，各自的身體內都擁有能夠製造小寶寶的原料。如果只有一方擁有原料的話，是無法製造出小寶寶的。

「男孩子的小寶寶原料叫做精子，形狀長得很像蝌蚪哦。精子是附在小雞雞兩側的袋子（睪丸）當中哦。」請這樣告訴孩子。

「小寶寶生長的房間（子宮）兩側，有叫做卵巢的倉庫。女孩子的小寶寶原料（卵子），就是存放在那個倉庫裡面哦。女生還在媽媽肚子裡的時候，卵子的數量是最多的（7百萬顆），但是卵子的數量會漸漸減少，出生的時候會減少到2百萬顆，成長到10

歲左右時，則會減少到20萬顆左右哦。」請這樣告訴孩子。

大部分的男性荷爾蒙，都是從睪丸製造出來的哦。

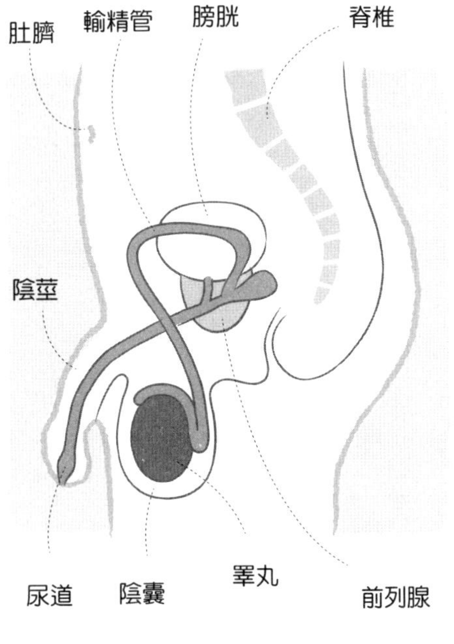
肚臍
輸精管
膀胱
脊椎
陰莖
尿道
陰囊
睪丸
前列腺

〈搭話的方法②〉成長到10歲左右時，小寶寶的原料就會開始工作

「男孩子成長到10歲左右時，精子就會變成液體，從小雞雞的前端噴射出來（初精）。這是你長大的證據，並不是生病，你可以放心哦。」請這麼告訴孩子。

「經歷過初精之後，蛋蛋會成爲一座精子工廠，每天不休息地製造精子哦。雖然精子工廠每天大約會製造出5千萬個精子，但是就算不把精子排出來，精子也會自然地被身體吸收掉。所以，就算不排出精子，蛋蛋也不會因此破裂哦。」

「一次射精（精子成爲液體後排出）會排出3毫升的精液，在精液中有1億到4億個精子哦。」

「雖然男孩子每天可以製造出的精子，約有5千萬個之多，但是女孩子的小寶寶原料（卵子），會隨著年齡的增長而自然減少哦。女孩子養育小寶寶的房間（子宮），如果成長到能夠養育小寶寶的大小之後，差不多每一個月都會從左右其中一側的卵巢當中排出一個卵子，這就叫做排卵哦。」

〈搭話的方法③〉男孩子會把精子傳送到女孩子的生命通道哦

觸摸男孩子的陰莖時，陰莖會變硬、會立起來的話是正常的。

「小雞雞會變硬、會立起來，是爲了將變硬的小雞雞放到女孩子非常重要的生命通道（陰道）裡面。如此一來，就能夠將男孩子的小寶寶原料（精子），以健康的狀態（精子接觸空氣的話就會失去精力）傳送到養育小寶寶的房間（子宮）裡哦。」請這麼告訴孩子。

〈搭話的方法④〉精子進入養育小寶寶的房間之後，會朝著卵子游動

精子進入子宮後，會努力往上朝著子宮左右兩側其中一邊的輸卵管（連接卵巢和子宮的管道）游去。

每個月，女孩子都只會從子宮左右兩側其中一邊的卵倉庫「卵巢」，排出一個小寶寶的原料（卵子）。在極少的情況下，也可能會排出兩個卵子（異卵雙胞胎）。因此，精子與卵子是否能夠相遇，取決於精子朝向左右兩側的哪一個方向游去。即使有幸能夠相遇，也只有唯一一個精子可以與卵子相遇、結合成為一個卵（受精卵）。

〈搭話的方法⑤〉透過精子與卵子的相遇，才能夠產生出小寶寶

從卵倉庫排出的卵子，會在輸卵管（連接卵巢和子宮的管道）的前端被捕捉，並運

往子宮。在此途中（輸卵管中），卵子會與拚命游動、將卵子外殼穿刺並進入其中的精子相遇。

精子與卵子受精（卵子與精子合而為一），結合成為一個卵（受精卵）之後，會花上數天的時間，被運往子宮那軟綿綿的床鋪上，鑽進床鋪內便會著床（緊貼子宮）。於是，小寶寶便會由此開始逐漸長大。

射精之後，精子能夠在女孩子的身體裡存活72個小時。但是，卵子在排卵後能存活的時間，卻僅不到24個小時。而且，每個月排卵的時間還可能會稍微有差異，所以如果想懷孕時，只瞄準排卵日進行性行為（讓精子與卵子結合）的話會很難受孕哦。請將這些事情都教導給孩子。

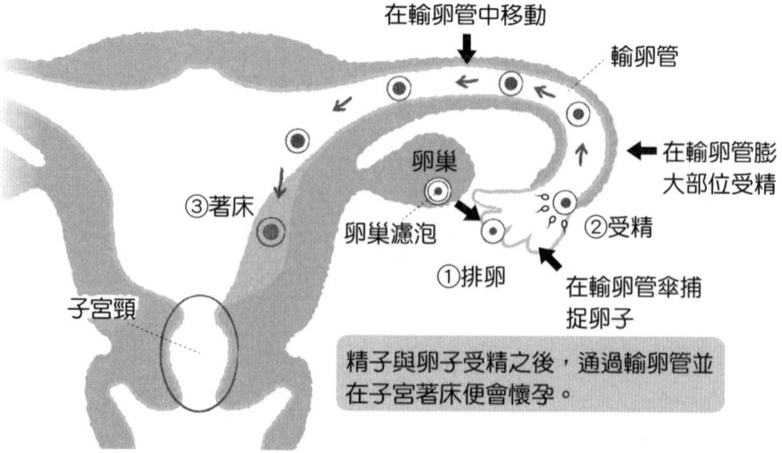
在輸卵管中移動
輸卵管
在輸卵管膨大部位受精
卵巢
③著床
卵巢濾泡
②受精
①排卵
在輸卵管傘捕捉卵子
子宮頸

精子與卵子受精之後，通過輸卵管並在子宮著床便會懷孕。

告訴孩子，每10名孩子當中就有1人是LGBTQ

我曾遇過一位患者……
無論如何，總會對自己的性別產生一種不協調的感覺。坐在婦產科的候診室裡，也覺得很不自在。
她這麼對我說。
然而，患者的家人與公司卻無法理解她，硬要她穿上一些她不想穿的制服裙子，或是要求她必須有女人味。
患者表示她非常想要盡早展開一個人的生活。
自己的孩子為LGBTQ的可能性，是十分之一。
為了在認同並理解孩子的性別多樣性的同時，也與他們攜手共度人生，我認為很重要的一點是，身為父母的我們必須具有正確的LGBTQ知識。

5-1 想想自己的孩子可能是LGBTQ的可能性

各位讀者是否曾經因為這些事情而感到擔心？自己的孩子明明是女孩，但用字遣詞卻像個男孩；或者，明明是男孩子，卻非常喜歡玩娃娃，也很喜歡蝴蝶結和粉紅色。

一直以來，我都認為自己是個不會產生性別歧視與偏見的人。然而，我學得越多，就越發覺自己的內心還是烙印著「女人味」與「男人味」等偏見。也就是「男孩子氣的顏色是黑色跟藍色，女孩子則是粉紅色跟紅色」，還有「煮飯、洗衣服是媽媽的工作，爸爸只需要幫忙做一下就好」……等等。

除此之外，雖然我原本認為自己並無性別歧視，但我現在也感覺到，如果不願意深入了解與LGBTQ相關的事情，也不曾想過要與LGBTQ族群進行交流的話，也算是一種性別歧視。

從今以後，我們在養育孩子的過程中，必須協助建立一個能夠認同多元性別的社會。為此，除了大人應該要具備正確的知識，我也希望能努力讓孩子生活在一個沒有性別歧視與偏見的社會之中。

根據日本「三重縣男女共同參與中心」以一萬名高中生為對象進行的「性調查」結果顯示，高中二年級生共有10％，也就是1003人為LGBTQ。其中，有508人是這麼回答的：「無認定、不清楚自己的心理性別與生理性別」。

編按：根據行政院委託「彩虹平權大平台」進行之「我國多元性別（LGBTI）者生活狀況調查」研究報告[1]（二〇二二），在13104份有效人次的問卷中，自我認同為女性為44％、男性45％、非二元性別與性別酷兒共約11％。其中，出生指定性別與現在性別認同不一的跨性別者占整體人口的10％。

由此結果來看，如果每十名孩子當中就有一人是LGBTQ的話，自己的孩子也很有可能會是LGBTQ。據悉，左撇子的人數，大約占了全球人口的10％左右。也就是說，LGBTQ族群占有的人口比例，和左撇子占有的人口比例是差不多的。

為此，請趁著孩子年紀還小時，聽聽孩子本人對於自身性別的感受。如果可以的話，請盡量在孩子上小學之前這麼做，因為如果進入小學之後，男女會很明確地被區分開來。

以我個人的經驗來說，我曾經因為兒子很喜歡可愛的東西，也很喜歡玩娃娃而產生「有點擔心」的想法。那時候，我曾這麼問他：「你想成為女孩子嗎？」兒子是這麼回答我的：「沒有啊。我沒有想成為女孩子，我是男生哦！」目前看來我可能是在自尋苦惱，但如果不試著直接詢問本人的話，就什麼也不會明白。

我想，如果孩子是LGBTQ的話，希望家長能夠盡早察覺還是比較好。之所以會這麼說，是因為越接近青春期，孩子就越會為了身體的變化而感到痛苦。在這樣的情況下，如果無法和父母訴說、不能和朋友傾訴，也沒辦法和身邊的任何人商量的話，就只得獨自一人承受著痛苦。為了不造成這樣的局面，在狀況還不嚴重時便盡早察覺，並為孩子打造一個良好的環境才好。

上述所提到的「三重縣男女共同參與中心」的調查報告也顯示，LGBTQ族群的孩子當中，共有60%的人曾有過被欺凌的經驗。此外，LGBTQ族群當中，共有65%的人曾想過自殺。據悉，這個數據是非LGBTQ族群的6倍之多。

編按：根據台灣同志諮詢熱線協會進行之「二〇二〇台灣同志（LGBTI+）學生校園經驗調查報告」[2]，62.1%的學生表示曾因性傾向、性別或性別氣質表現遭受言語騷擾；17・8%的學生曾因此遭受肢體騷擾、4・3%曾遭受肢體攻擊；其餘類型（排擠、謠言、網路霸凌等）亦有一定比例。根據「『全國自殺防治中心計劃』案108年度期末成果報告」[3]引用數據，17・1%的LGBTQ個案一生中曾有自殺或自傷行為。

我認為，為了守護自己的孩子，使他們避免遭受欺凌及產生自殺想法的危險性，我們大人要做的，首先就是具備「接受多元性別」的態度。

*何謂LGBTQ

L：Lesbian（女同性戀者），喜歡同性的女性。

G：Gay（男同性戀者），喜歡同性的男性。

B：Bisexual（雙性戀者），不分性別，喜歡同性也喜歡異性的人。

T：Transgender（跨性別者），生理性別與心理性別不一致的人。

Q：Questioning（性別存疑者）、Queer（酷兒），無認定、不明確自我的性別認同或性取向，或者為此感到苦惱的人。[4]

＊關於跨性別者

以前被稱為「性別認同障礙」，後來則改為使用「性別不安」這個詞語。這是因為即使自己的「心理性別」與「生理性別」不一致，也不能稱其為「障礙」。

5-2 向孩子說明關於ＬＧＢＴＱ的正確資訊

試著以下述的方式對孩子說明關於ＬＧＢＴＱ的知識，您覺得如何？

在許多電視劇和小說當中，一個家庭裡會有父親，有母親，也有孩子。這些都好像在跟我們傳達，這樣的家庭才是普通的家庭。但是，「普通」是什麼？男人和女人互相喜歡、組成家庭，這就叫做「普通」嗎？**像這樣的家庭，只是在世界上占了絕大多數而已，不能說這樣才叫做「普通」**哦。

在這個世界上，有外表看起來是男人，但內心是女人的人哦。同樣的，也有外表看起來是女人，但內心是男人的人哦。

除此之外，關於喜歡的對象，也會有喜歡上男人的男人，或者喜歡上女人的女人。同樣的，也有無論是男人或女人都會喜歡的人。

另外也會有不曾喜歡過任何人的人。

這些全部都是天生的，不用想著要努力改變也沒關係，而且這也不是能夠改變的事情嘛。原本喜歡男人的女人，可能會成為一名喜歡女人的人，也可能會成為無論男女雙方都喜歡的人。

其實，所謂「性別」，並非是一個能夠如此明確地將男女區分開來的東西哦。要說「心理性別」的話，也是自己對於自己的性別有什麼樣的感覺，只要照著本人的感受來生活就可以了哦。除此之外，性別的區分方式也不只有男性與女性這兩種，還有男女都不是，或者男女都是的情況哦。

關於自己喜歡的人的性別也一樣。沒有「因為是男人，所以不喜歡女人的話很奇怪」，或者「因為是女人，所以喜歡男人才是正常的」這樣的事情哦。無論覺得自己對哪一種性別抱持喜歡的心情都沒關係，或者無論哪一種性別都喜歡的話也沒關係。當然，就算途中改變喜歡的性別，也不是什麼奇怪的事情。不僅如此，就算對任何人都不抱有戀愛感情也沒有關係。

在這個世界上，其實有很多事情都是曖昧不明的哦。

所以，即使身為男孩子的你喜歡上男生，或者身為女孩子的你喜歡上女生，也都不是什麼奇怪的事情哦。

如果你對於性別有什麼煩惱，地方自治團體或其他各式各樣的民間支援團體，都會透過電話、LINE、電子郵件來進行受理你的問題。如果可以的話，就跟他們商量。

地方自治團體的應用程式「Yay !」內，為學生開設的LGBTQ+諮詢室。

LINE諮詢彩虹熱線[5]

「陪伴熱線」性少數專線　0120-279-338[6]

編按：

台灣同志諮詢熱線協會：https://hotline.org.tw

同志諮商專業人員網（不直接提供服務，而是諮詢媒合平台）：http://tas.bravo.org.tw:88/

1編註：可到以下網頁下載報告書：https://equallove.tw/news/1859

2編註：詳見台灣同志諮詢熱線協會，網站：https://hotline.org.tw/news/3166

3編註：請以「『全國自殺防治中心計劃』案108年度期末成果報告」為關鍵字上網查，即可下載報告書。

4編註：另有LGBTI，I：Intersex（雙性人），或稱陰陽人、間性人、兩性人、中性人等；指原生生理構造（生殖器、性腺和染色體）無法被判定成典型的男性身體與女性身體。參照台灣同志諮詢熱線協會網站：https://hotline.org.tw/news/3041。

5譯註：LINE帳號網址：https://liff.line.me/1645278921-kWRPP32q/?accountId=246vghym

6譯註：官方網站：https://www.since2011.net/yorisoi/

第2章

教導孩子與月經相關的知識

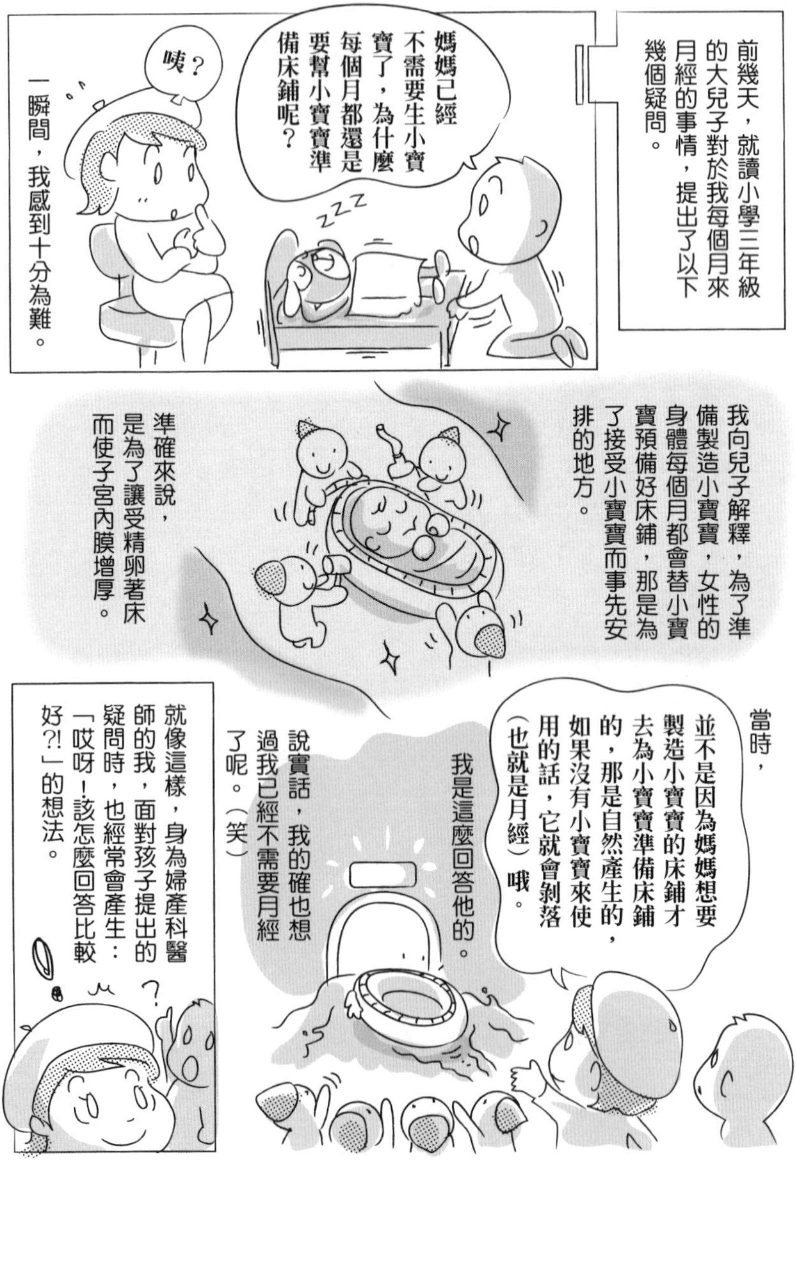
前幾天，就讀小學三年級的大兒子對於我每個月來月經的事情，提出了以下幾個疑問。
媽媽已經不需要生小寶寶了，為什麼每個月都還是要幫小寶寶準備床鋪呢？
咦？
一瞬間，我感到十分為難。
我向兒子解釋，為了準備製造小寶寶，女性的身體每個月都會替小寶寶預備好床鋪，那是為了接受小寶寶而事先安排的地方。
準確來說，是為了讓受精卵著床而使子宮內膜增厚。
當時，
並不是因為媽媽想要製造小寶寶的床鋪才去為小寶寶準備床鋪的，那是自然產生的，如果沒有小寶寶來使用的話，它就會剝落（也就是月經）哦。
我是這麼回答他的。
說實話，我的確也想過我已經不需要月經了呢。（笑）
就像這樣，身為婦產科醫師的我，面對孩子提出的疑問時，也經常會產生：「哎呀！該怎麼回答比較好?!」的想法。

不僅限於與月經相關的問題，跟孩子一起洗澡時，或者媽媽的經期來臨時，孩子經常會提出與性相關的疑問。

例如：「為什麼媽媽的屁股中間會流血呢？會痛嗎？」或者：「為什麼我沒有小雞雞？」等問題。突然被孩子提出這樣的疑問，可能會嚇一大跳。是否很多人也曾遇過這樣的經驗？

當孩子提出疑問時，就是一個大好機會！這是談論與性相關話題的絕佳時機。

如果回答不上來時，就像上一章一樣，請這麼告訴孩子：「真是個好問題！媽媽現在也不太清楚，等我查過之後再跟你說哦！」如此一來，孩子就會認為「問了這個問題真是太好了」，或是「媽媽會好好地為我想」。孩子感到安心的話，以後也會再次向家長提出疑問。

最近，即使初經來臨也不敢告訴父母，只能自己偷偷去購買月經褲或衛生棉的孩子正在增加。作為父母，請盡快與孩子建立能夠讓他提出疑問，並且能夠依賴父母的關係。

三代子醫師

在什麼時機向孩子說明月經，以及如何說明

我認為，如果想向孩子說明關於月經的知識的話，最容易說出口的時機就是「媽媽自己的經期來臨時」。比方說，可以這樣告訴孩子：「如果妳的身體已經成長到『可以爲生小寶寶做好準備』的狀態的話，那麼妳也會像媽媽一樣，每個月都有月經哦。」

如果孩子是還在讀小學低年級的學生，那麼就如同第1章的2-3〈什麼是月經？為什麼每個月都會來？〉這篇所說的一樣，向孩子說明：「經期流的血，就是已經不需要的『小寶寶床鋪』。月經會每個月都來，是因爲儲存在身體裡面的『小寶寶的卵』每個月都會被運送出來。」便足夠了。

如果孩子已經成長到小學高年級，或者國中左右的年紀時，那應該也是個和孩子詳細說明月經知識的好時機。就如同後述「〈搭話的方法②〉教導月經週期時的身體機制」一樣，這時仔細地向孩子說明也不錯。

1-1 如何向女孩說明月經比較好？

受到女性荷爾蒙的影響，月經週期來臨時，除了情緒會感到煩悶焦躁之外，身體也會開始浮腫。經血從子宮流出來時，因為子宮收縮的關係，也可能會導致肚子痛。請教導孩子這些知識。

也請您告訴孩子，大概需要花上兩年左右的時間，月經週期的規律才會逐漸穩定下來。因此，即便沒有好好地在每個月固定的時間來潮，也不用太過擔心。月經週期大約為25天至38天，如果只是稍微錯開幾天，稱不上是「經期不規律」。

〈搭話的方法①〉告訴孩子，月經就是成長的證明

普遍來說，初經（第一次月經）來臨的年紀，平均約為12歲。不過，體質較好的女孩子也可能在10歲（小學四年級）就迎來初經。

孩子升上小學之後，請慢慢開始和孩子聊聊與月經相關的事情。

只是，如果孩子是跨性別者，可能會極度排斥月經。為此，在與孩子講述月經的相關知識時，請仔細觀察孩子的表情，並好好地接納孩子。「覺得月經很討厭並不是什麼奇怪的事情。」「沒錯，果然會覺得很討厭。」就像這樣告訴孩子吧。

如果孩子感受到「父母接受了對月經產生排斥心理的自己」，那麼即使孩子沒辦法馬上出櫃，接下來可能也會找父母商量。

此外，即便不是跨性別者，也有一些孩子會因為聽到「月經來臨，就是身體已經成長為『可以生產小寶寶的狀態』的證據」，而感到十分彆扭。將來不想生孩子的女性也正在逐漸增加，有鑑於此，請不要完全將月經與生育連結在一起，而是告訴孩子，每個月來臨的月經，也能夠成為「女孩子健康管理的衡量標準」。

〈搭話的方法②〉教導經期時的身體機制

女孩子的身體裡，有一個叫做「子宮」的器官，是用來養育小寶寶的袋子。在子宮的兩側，各有一個叫做「卵巢」的器官，是用來儲存大量卵子的地方。在卵巢旁邊，有條叫做「輸卵管」的管道，可以用來運送卵子。

子宮裡面，有一層覆蓋住子宮內側的膜，叫做「子宮內膜」。子宮內膜會隨著卵巢分泌女性荷爾蒙而變厚，製造出像是能夠容納小寶寶一樣的床鋪。在卵巢中成長的卵子，被釋放到卵巢外面（排卵）後，會經由輸卵管運送到子宮。

卵子經過輸卵管的途中，如果與男性的精子相遇、受精的話，就會形成受精卵。假如受精卵沒有到達子宮的話，「小寶寶的床鋪」就會剝落，從陰道當中流出，這就是「月經」。就像這樣，子宮總是會為小寶寶準備好一張舒服好眠的床鋪。

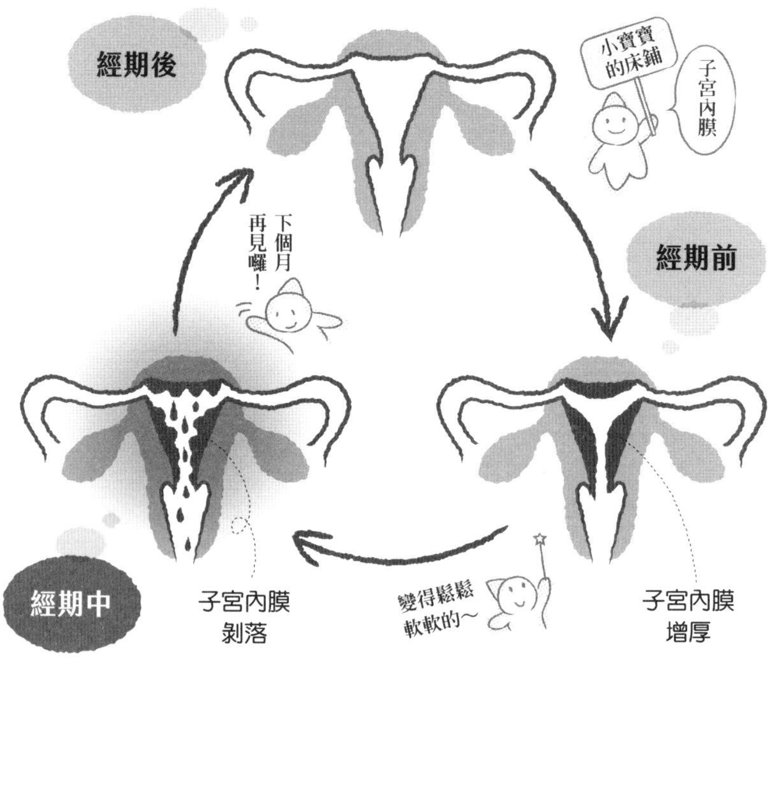
經期後
小寶寶的床鋪
子宮內膜
下個月再見囉！
經期前
經期中
子宮內膜
剝落
變得鬆鬆軟軟的～
子宮內膜
增厚

如果孩子能夠好好聆聽父母認真想傳達的事情，那麼即使孩子沒有辦法馬上完全理解，在之後也會逐漸明白當時不理解的事情。所以，請持續反覆地向孩子傳達。

〈搭話的方法③〉經期來臨時，可以運動嗎？

實際上，當月經來臨時，女孩子的日常生活會發生不少變化。

在月經來臨之前，可能會無緣無故地感到煩悶焦躁；月經來臨時，也可能會因為肚子痛和腰痛而感到非常痛苦。此外，如果在進行平常會做的運動時感到難受的話，甚至可能不得不在體育課休息，或者暫停社團活動。

我想，對青春期的女孩子來說，可能會因為覺得害羞，或者由於身邊的人不理解（例如，有些比較嚴厲的社團活動同伴會認為：「就算是月經來了，也不能因為這樣就休息啊！」）等原因，而始終無法在想要暫停社團活動與體育課時，輕易開口說出：「因為我月經來了，所以要休息。」本來，應該由老師或社團活動的教練等校方人士來表達關心。然而現狀是許多學校並沒有做到這一點。

如此一來，有些孩子便會勉強自己去參加社團活動。或者，只說一句：「我要休息。」就去休息了。另外，也有一些情況是由父母代替孩子來聯絡老師或教練。如果是這種情況的話，希望父母要注意的是，請先詢問孩子：「妳今天月經來了，看起來好像很不舒服的樣子。媽媽（爸爸）幫妳轉告教練好嗎？」而不是不做任何確認，就擅自替孩子作主去告訴老師或教練。如果自作主張告訴老師或教練的話，很可能會成為一種「不尊重孩子意志」的表現。所以，無論是否要向老師或教練傳達，都請務必先向孩子確認她本人的意願再去做。

順帶一提，每個人經期不舒服的程度差異都很大。如果本人並不感到難受的話，照常運動也沒關係。其中，有些孩子只要將衛生棉條放入陰道，即便下水游泳也不成問題。只不過，雖然衛生棉條最長可以使用8個小時，但是如果進入游泳池，請控制在一個小時內將其取出。

〈搭話的方法④〉為什麼月經來潮時會肚子痛？

子宮內膜會分泌出一種叫做「前列腺素」的物質，它會讓子宮的肌肉收縮，將子宮

引起經痛的機制

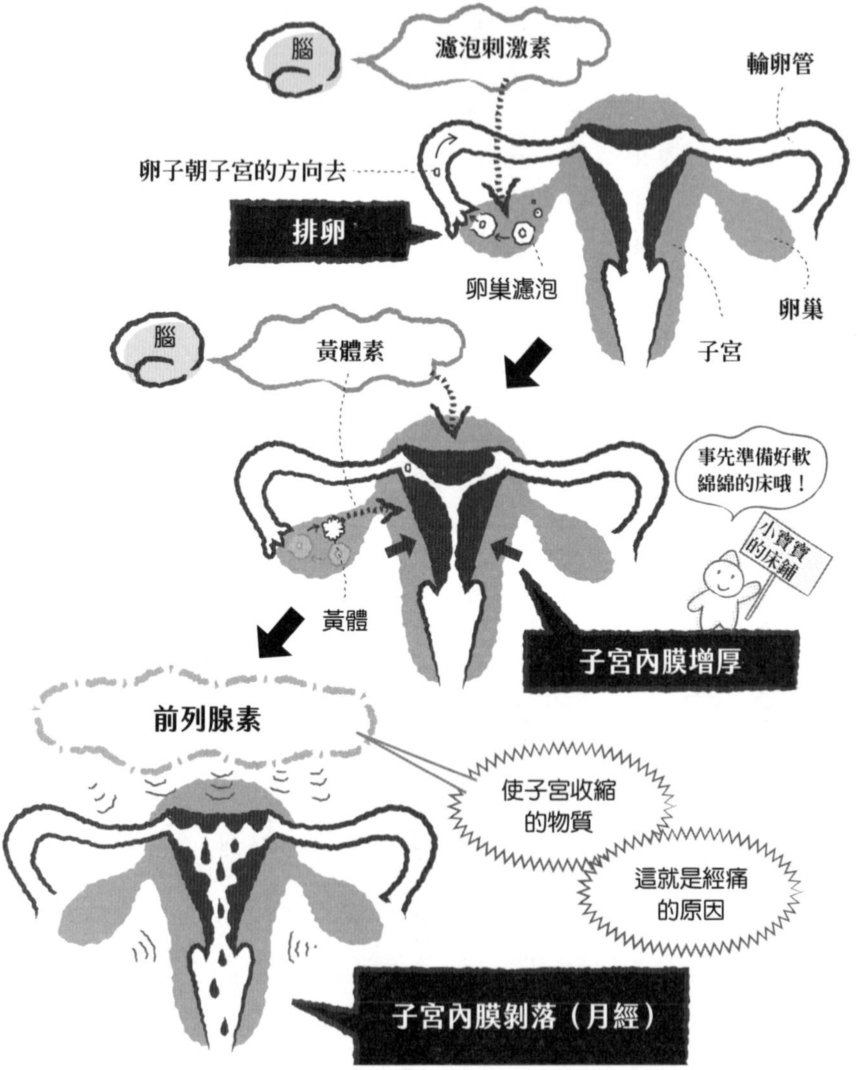
腦
濾泡刺激素
輸卵管
卵子朝子宮的方向去
排卵
卵巢濾泡
卵巢
子宮
腦
黃體素
事先準備好軟綿綿的床哦！
小寶寶的床鋪
黃體
子宮內膜增厚
前列腺素
使子宮收縮的物質
這就是經痛的原因
子宮內膜剝落（月經）

內膜和血液從陰道中擠壓出來。

剛迎來初經的孩子可能會因為子宮還小、還未成熟的關係，而有經痛變得越來越嚴重的傾向。請參考第3章關於經痛產生時的處理方法。

1-2 教導男孩月經的知識也是必要的嗎？

當被問到「教導男孩子月經的知識也是必要的嗎？」時，我是這麼回答的：「當然有必要！」因為我不希望他們成為會嘲弄女孩子排月經的人。並且也希望他們能成長為會在女孩子經期來臨時，體恤女孩子身體狀況的人。

如果想養育出這樣的孩子，請各位媽媽在月經來潮時，與男孩子談談有關於月經的事情。

在我們家，我會跟孩子說：「今天媽媽在流血，所以不能跟你們一起洗澡哦。」於是，孩子這麼問我：「這樣流血沒關係嗎？」聽到孩子的問題之後，我便回答：「沒關係哦。」向孩子傳達「排經不是受傷，也不是生病，所以沒有問題」這一點也非常重要。

「這些血原本是爲了養育小寶寶而準備的床鋪，但是因爲沒有使用到，所以就排出來了。如果媽媽的身體裡沒辦法製造給小寶寶躺的床鋪的話，你也不會出生哦。」我是這麼向孩子說明的。

「雖然對女孩子來說，月經是十分平常的事情。但是月經來潮時，她們也可能會感到肚子痛，所以是需要多多體諒她們的時期哦。」透過向孩子傳達這些事情，也能夠逐漸培養他們的月經知識，以及關懷他人的心。媽媽與男孩子談談與月經有關的事，完全沒有任何壞處。

〈搭話的方法①〉了解女孩子在月經來潮時的心情與身體狀況

女孩子在長大成人後，大約每個月會迎來一次月經週期。

在女孩子的身體內部，為了培育小寶寶的卵，以及製造給小寶寶躺的床鋪，女性荷爾蒙每天都會工作，並且大約每一個月就會循環一個週期。正因為如此，女孩子每個月都會迎來一次月經週期。

男性荷爾蒙的量會隨著年齡的增長而改變，但並不會每天都發生變化。而女性荷爾蒙的分泌則每天都會發生變化，這不僅會對女孩子的身體造成影響，還會對女孩子的精神層面造成影響。也因為如此，女孩子在經期來臨之前會感到煩悶焦躁，也很容易情緒低落；在月經來潮時，身體會感到疲倦，或者肚子疼痛。

如果男孩子從小就知道這些事，就能夠更體貼女孩子，也能對女孩子更溫柔一點。如此一來，與女孩子的交流也會進行得更順利。

〈搭話的方法②〉不能拿月經的事情來嘲弄女孩子哦

- 經期所流出來的血，是小寶寶的床鋪剝落後被排出來的物質，並不是骯髒的東西。
- 即使女孩子的裙子上沾到經血，也不能嘲笑她、捉弄她。

這兩項要點，是希望男孩子對待女孩子時應該遵守的最低限度禮節，請務必好好教導他們這件事。

女孩子在剛迎來月經不久時，女性荷爾蒙的分泌並不穩定，所以可能會大量出血。

要是出血量過多，也可能在不知不覺間造成經血外漏、弄髒衣服。

月經來潮時，身體狀況很容易就會發生變化，所以有些女孩子還是會認為最好能盡量避免激烈運動，或者盡可能不進行長時間運動比較好。因此，有時候女孩子也會在體育課的時候休息，或者暫停社團活動。即便看到因為月經來潮而休息的女孩子，也不能在這件事上開她們的玩笑、讓她們產生困擾哦。請這樣教導孩子。

什麼是女性荷爾蒙？

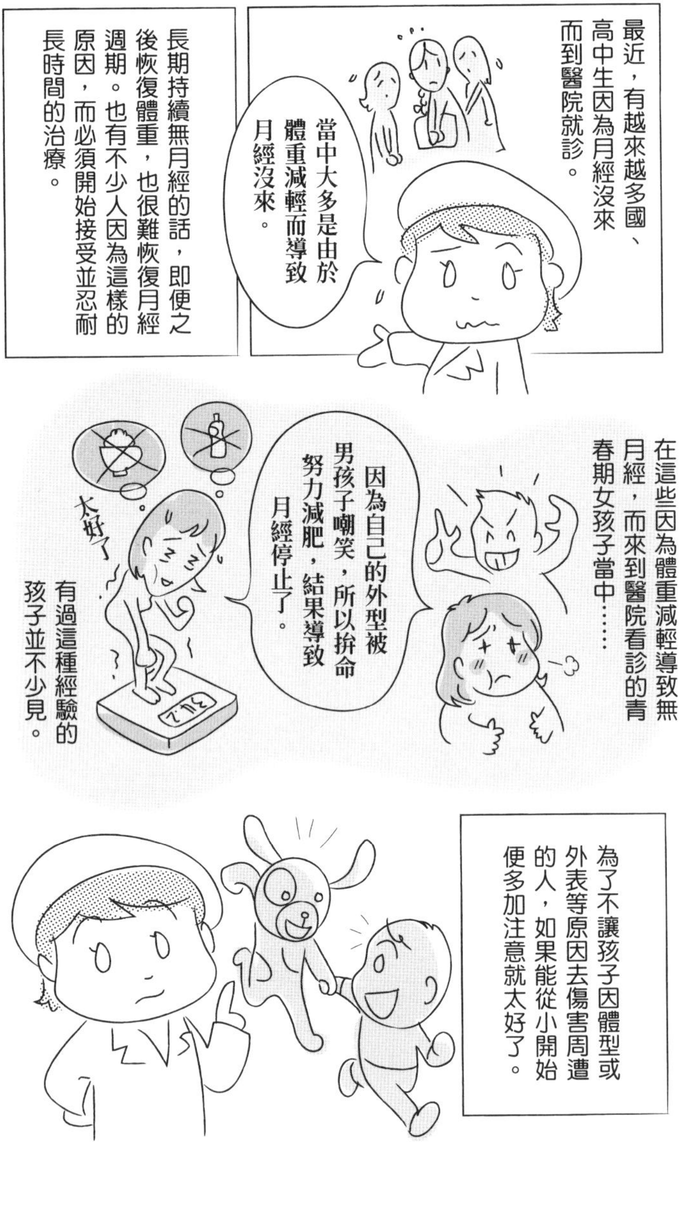
最近，有越來越多國、高中生因為月經沒來而到醫院就診。
當中大多是由於體重減輕而導致月經沒來。
長期持續無月經的話，即便之後恢復體重，也很難恢復月經週期。也有不少人因為這樣的原因，而必須開始接受並忍耐長時間的治療。
在這些因為體重減輕導致無月經，而來到醫院看診的青春期女孩子當中……
因為自己的外型被男孩子嘲笑，所以拚命努力減肥，結果導致月經停止了。
太好了
有過這種經驗的孩子並不少見。
為了不讓孩子因體型或外表等原因去傷害周遭的人，如果能從小開始便多加注意就太好了。

2-1 女性荷爾蒙是從哪裡分泌出來的？

子宮的兩側各有一個叫做卵巢的器官，大部分的女性荷爾蒙都是由這個叫做卵巢的器官所分泌出來的。女性荷爾蒙有兩大類，分別為濾泡刺激素（雌激素）和孕酮（黃體素）。女性荷爾蒙的分泌，是受大腦的指令控制的。因此，如果大腦沒有好好地傳達指令，就無法分泌出女性荷爾蒙。

女性荷爾蒙是以膽固醇（脂質）為原料製成的，如果過度減肥，原料就會消失。於是，大腦會判斷現在處於「飢餓狀態」，停止分泌女性荷爾蒙。

2-2 勉強減肥是NG行為

青春期的女孩子對與自己外表相關的事非常敏感。由於在意周遭的看法，可能會因過度減肥導致月經停止，或者在社團活動中發生疲勞性骨折的狀況。因為這些問題來到婦產科就診的事例，現在也正逐漸增加。如果勉強減肥導致身體過瘦，會影響到女性荷爾蒙的分泌，除了可能造成將來不孕，也可能會引起骨質疏鬆症，導致骨折。

如果女孩子因減肥導致月經不順，或者經期停止的話，希望您能立刻停止減肥。如果您很難靠自己的力量去停止減肥的話，請向熟知自己身體狀況的醫生進行諮詢。

為什麼有些人會經痛，有些人則不會？

「就算想去上學，也因為月經的出血量過大導致肚子太痛，完全沒辦法動。」「每個月都不得不向學校請假三、四天，不只影響到學習，也影響到社團活動，覺得好痛苦。」許多國、高中生都抱持著這樣的煩惱，來到婦產科就診。

我記得，我在就讀國中、高中時，每個月也都會到學校保健室拿止痛藥並躺下休息。直到現在，仍然能感受到社會上瀰漫著「月經不是病，不忍受怎麼行」的風氣。無論是男孩子或女孩子，如果大家都能夠了解關於月經的正確知識，以及合適的處理方法就太好了。

3-1 「只是經痛而已，就忍耐一下吧！」這種想法真的沒問題嗎？

與50年前，一生經歷的月經次數約為50次的女性相比，現代女性一生經歷的月經次數約有450次之多。這個數字是50年前的9倍。也因為如此，跟以往比起來，現代女性與自己的月經共處的時間也變得更長了。對現代女性來說，如何在經期過得更舒適，是提高生活品質的重要關鍵。造成月經不舒適的最大強敵，就是經痛。

在您的身邊，是不是有些人的經痛非常嚴重，有些人卻完全沒有感覺？明明同樣身為女性，為什麼有些人會經痛，有些人卻不會經痛？

在這之中，包含了各式各樣的原因。

只是，希望大家記住的是，如果有女孩子的經痛非常嚴重，那並不是她有什麼錯，也不是她小題大作。疼痛是每個人的個人感受，如果對方說她會痛，那就是會痛。說出：「只不過是經痛而已，又不是生病，妳就忍耐一下。」這種話，是沒有意義的。

那麼，接下來我將一一講述造成經痛的各種原因。

3-2 經痛的各種原因

經痛很嚴重的女孩子，經常會因為認為「為什麼只有我自己那麼痛？」而感到不安與苦惱。請您和女兒一起想想，以下哪一種比較符合自身的狀況。

對女兒來說，光是家長與自己一同思考經痛的原因，就能夠讓心裡感到更加踏實。直到現在，我也記得以前在青春期的時候，媽媽曾告訴我：「痛的時候可以早一點吃止痛藥哦。」這件事。

①天生經血通道狹窄的人

在沒有受孕時，名為子宮內膜的「小寶寶的床鋪」會剝落、排出子宮外。經期時流出來的經血，就是由此時所排出的血與子宮內膜所組成的。

為了將經血從子宮當中擠壓排出，子宮會進行收縮（子宮是由一種叫做「平滑肌」的肌肉所組成的）。

以一般的情形來說，經痛是由上述的「子

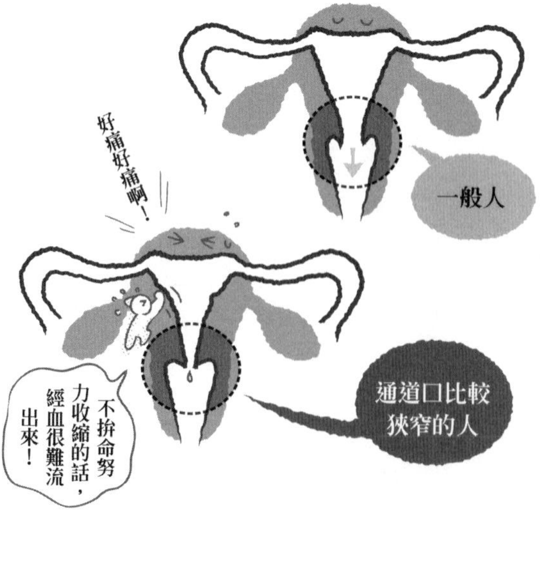
一般人
好痛好痛啊！
通道口比較狹窄的人
不拚命努力收縮的話，經血很難流出來！

宮收縮」所造成的。然而，有些人流出經血的通道「子宮頸」（子宮出口的通道）天生就比較狹窄。因為出口狹窄，如果子宮不拚命努力收縮的話，經血就無法排出，也會因此造成疼痛。

有些人在年輕時有非常嚴重的經痛，但是經歷過生產經驗後，經痛卻不再那麼嚴重了。可能是因為隨著產後子宮頸被撐開，子宮出口的通道變得更寬大，讓經血也能更順利地排出。

②子宮傾斜方向相反的人

子宮的位置在骨盆的底部，通常會朝著肚子的方向前傾。

但是，大約有20％的人，其子宮是朝著屁股的方向傾斜，也就是「子宮後傾」。有些人

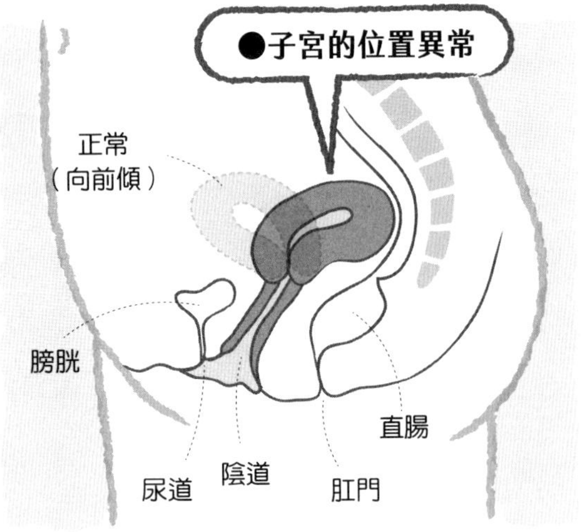

是天生子宮後傾，也有些人是由於後天的原因造成子宮後傾。關於後天造成子宮後傾的「子宮內膜異位症」，後面會再進行詳細說明。雖然子宮後傾的人當中，有些人完全沒有任何症狀，但也有一些人會因為必須排出經血需要不斷收縮子宮，以致經痛的情形非常嚴重。

③容易感到疼痛的人

即使以同樣的力道捏臉頰，有些人完全不會感到疼痛，當然，也有人會感到疼痛。同樣的道理，即使經痛的疼痛程度完全相同，對於容易感到疼痛的人來說是非常難受的；不過，對於痛覺比較遲鈍的人來說，這卻是不足為外人道的小事。

另外，所謂「痛苦」，並非只有身體感受到的疼痛。我們可能會遭受心靈上的痛苦，例如為了「經血是否漏出」而感到不安；也可能會受社會性的痛苦所影響，例如因為月經來潮，無法參加社團活動或體育課。各式各樣讓女孩子感到煩擾的事情，都可能與經痛有關。

對女孩子來說，如果日常因月經的事情感到苦惱時，有個能夠與自己商量的人，心裡就會更踏實。身為家長的我們，如果能成為這樣的對象就太好了。

④下腹部冰冷的人（血瘀）

血瘀為漢醫觀點，指的是血液循環不通暢。

如果觸摸有血瘀體質的人，經常會覺得其肚臍到恥骨（陰毛生長的邊線上稍微突出來的骨頭）周圍比其他部位還要冰冷。如果骨盆內的血液循環不好、腹部冰冷的話，經痛也會更加嚴重。自古以來，人們就常說「女性最好不要讓腹部受涼」，這不見得是種迷信。

⑤經血流量大的人

通常，一次月經的出血量為50至120毫升左右。這是大約7日間的出血量，不過實際上感受到的出血量可能會更多。

我想，應該幾乎沒有人會測量自己月經時流出的經血量。不過，只要使用帶有刻度的月經杯，或者將使用前與使用後的衛生棉拿去測量重量，就可以知道自己的經血量有多少。一般來說，如果明明是在白天，卻必須使用夜用衛生棉，而且還得每兩個小時就更換一次的人；或者，經常排出許多長得像肝臟一樣的血塊的人，就可說是經血量多的人。

如果要把大量的經血排出子宮外，子宮就必須頻繁地收縮。所以經血量大的人，經痛的情況也會更多。

⑥子宮內膜異位症患者

最近，20歲出頭罹患子宮內膜異位症的人正在增加。這讓我感到十分擔憂。

第3章會再對子宮內膜異位症進行更詳細的介紹。這裡要先來談談，罹患子宮內膜異位症的人當中，共有90％的人會產生經痛。如果平常會感覺到經痛的人，請想想看您或許有罹患子宮內膜異位症的可能性。

20出頭罹患子宮內膜異位症的人會增加的原因之一，可能是因為現代人的初經年齡，比50年前的初經年齡提前了兩年左右。現代日本人平均的初經年齡，約為12歲至13

歲；一些發育比較早的孩子，也可能在小學四年級，也就是9歲至10歲時就迎來初經。

如果要知道「為什麼當初經年齡提前，20歲出頭的女孩子便會容易罹患子宮內膜異位症」的話，就要提到月經時，經血會從子宮通過輸卵管流至腹腔這件事。

子宮內膜異位症的原因之一，便被認為與經血排到腹腔有很大的關係。

初經年齡較早，月經來潮時經血排到腹腔的話，就會有大量的血液累積在腹腔中，相應的，將來罹患子宮內膜異位症的可能性也會因此增加。此外，由於同樣的原因，即使初經年齡並不早的人，也可能因為經血量過多而較易罹患子宮內膜異位症。

3-3 痛到什麼程度才需要就醫？

經痛的原因，大多符合前述①至⑥當中的某一項。然而很遺憾的是，我們也不知道自己究竟比較符合其中的哪一個項目。

除此之外，我們很難與他人比較經痛的程度。所以也不清楚自己經痛的時候，應該去婦科看診比較好？還是要再觀察一陣子比較好？

這裡所說的「去婦科看個診比較好」的經痛，是疼痛程度已經對日常生活造成影響的經痛。也就是痛到沒辦法去學校，甚至到了臥床不起這程度的痛。若您女兒的經痛已經嚴重到這種程度的話，建議您帶她去婦科看診會比較好。

第3章

怎麼做才能讓孩子在月經期間輕鬆一點？

有一名正值青春期的女孩子來到我這裡就診，
是她媽媽帶她來看診的，
女兒的經痛很嚴重，有什麼辦法能解決嗎？
狀況如何呢？
從那次諮詢之後，她們經常會一起過來看診。
月經來潮時，因為太過疼痛，連走路都有困難。
什麼事都沒辦法考慮，只能躺著什麼也不做。
沒辦法集中精神讀書。
不得不向學校請假3天左右。
即使能到學校，也只是一直待在保健室裡休息。
我經常聽到諸如此類的話。

特別是與考試相關的話題，能看出無論是女兒或家長，都感到非常困擾的模樣。
因為今年要準備考試，每次經痛時都無法好好唸書，也對考試產生影響。
或者，
如果正式考試時剛好碰上經期，就無法發揮實力。
之類的問題。

為此，在診察中，
●聽聽患者遇到什麼樣的困難。
●有時候會進行骨盆腔超音波檢查。
●針對各式緩解經痛的藥物進行說明。
●介紹藥物的服用方法。
●為了能更舒適地度過經前與經期，應該培養什麼樣的生活習慣比較好……等等。
也會談到這些問題。

有非常多患者的狀況都如上述所說，因為經痛的問題影響到日常生活，並且為此感到十分困擾。本章將介紹的是，為了使孩子的經期過得更加舒適，實際上的應對方法為何，以及與此相關的正確知識。

首先，幫助孩子了解自己的月經週期

即使要用一句話來概括「月經」，每個人的狀況也都各不相同。有些人的經期症狀並不嚴重，當然也有些人的症狀非常嚴重。首先，請您告訴孩子「每個人的經期症狀都各不相同」。

對於「經痛很嚴重」與「經血量很多」等月經症狀較嚴重的問題，以及在這樣的情況下應該如何處理，才能與月經好好相處，都會在本章詳細介紹。

1-1 寫「月經日記」

為了使自己的經期過得更加舒適，首先要做的，就是了解自己的月經。

現在有非常多為記錄月經而設計的應用程式。您只要下載自己認為簡單、好用的那一款來使用，應該就很合適了。

就算沒有智慧型手機，市面上也有販售記錄月經用的筆記本，或者可以貼在筆記本上的貼紙等產品。如果您可以和女兒一起記錄月經日記的話，也是個很不錯的做法。

若能記錄在應用程式或筆記本上，就可以知道自己月經的開始日期與結束日期，以及自己的「月經週期」，也就是從月經來潮的日期開始，一直到下一次月經來潮的日期為止的天數。如果將經血量、疼痛程度、身體狀況，以及煩悶焦躁、情緒低落等心情變化都記錄下來，也能夠明白月經對自己的日常生活造成什麼樣的影響。

＊**正常的月經週期：**25天～38天左右。6天以內的偏差是正常的。如果週期過短，稱為「頻發月經」；週期過長的話，則稱為「稀發月經」。無論哪一種，都可能是由於卵巢機能下降所致。

1-2 計算自己餘生的月經次數

自己餘生的月經次數，指的是從現在到停經為止，還剩下的月經次數。日本人平均的停經年齡，大約為50歲。

假設初經年齡為12歲，那麼就是以「38年之間都會有月經」來計算。

女性在一生當中，必須面對的月經次數為：

（50歲－12歲）年×12個月＝456次！

並且，假設每一次經期是7天的話……（雖然大家可能不太想算……）

7天×456＝3192天（8.7年）。計算下來，一生當中共有這麼多的時間會出血。

假如您現在的年紀為15歲，且月經週期為30天的話，

（50歲－15歲）年×12個月＝420次

7天×420＝2940天（8年）。接下來，還有這麼多的時間會出血。

請您也實際計算看看。

（50歲－您的年齡A歲）年×12個月＝（B）次

7天×（B次）＝C天（C÷365天＝D年）

一想到還要花上C天、D年，持續會有月經，就忍不住會覺得很討厭。

停經：指的是不會再有月經。距離最後一次月經來潮，已經超過一年的時間。

初經：指的是第一次月經來潮。迎來初經的年齡約為10歲至14歲左右。

＊如果15歲後還沒有經歷初經的話，請到專科醫師那裡看診。

1-3 月經是衡量女性健康的標準?!

如果想了解自己的月經，或許先試著思考關於月經的優點與缺點也不錯。首先，請試著想想那些因為月經而帶來痛苦的缺點。

這裡所說的缺點，就是對自己來說「不怎麼好」的事情。

比方說，我還在讀高中的時候，曾經因為經痛太過嚴重，導致沒辦法集中精神考試。另外，我當實習醫生的第一年時，也曾因長時間手術使得我感到痛苦不堪。如果經痛太過嚴重的話，平常很輕鬆就能辦到的事情也會變得很困難。這就是缺點。

接下來，請試著想想月經的優點。這裡所說的優點，就是對自己來說「有利」的事情。雖然，您或許會認為：「我的經痛那麼嚴重，怎麼可能會有什麼好處！」但每個月都會來的經期也是有其優點的，它能為女性的健康管理帶來幫助。

「這個月的經痛症狀很嚴重，下個月要注意別著涼了。」這些感受也能夠成為自己健康管理的指標。我認為，月經是有這些作用與優點的。

1-4 試著想像一下，如果減輕經痛會有哪些好處？

雖然已經認識了月經的好處，但您可能還是會認為：「就算是這樣，還是希望能想點辦法解決月經的壞處！」正因為每個月都飽受經痛的苦楚，會這麼想也是理所當然的。

接下來，請試著想像一下，如果經痛減輕後，會發生什麼樣的好事。如果能夠對「緩解經痛」有所想像的話，也就能夠積極地考慮減輕經痛的方法了。

經痛減輕後，也不用向學校請假了。

經痛減輕後，就可以盡情地參加社團活動。

經痛減輕後，能夠考上理想的學校。

經痛減輕後，會更溫柔地對待男朋友與家人。

經痛減輕後，會有以上的可能性。您覺得如何？如果能夠緩解經痛，人生就會變得非常愉快。

我還在就讀國、高中時，也曾經因為經痛的問題而感到相當苦惱。正因為如此，我到現在都還記得，在我緩解經痛之後那極度愉悅的心情。接下來，我將會詳細介紹緩解經痛的具體方法。

1-5 跟朋友或家人聊聊月經

各位媽媽，您曾和任何人商量過與月經相關的事情嗎？

或者，各位爸爸，曾有任何人和您商量過與月經相關的事情嗎？

從身體狀況管理，再到懷孕、產後、育兒，支持女性一生的服務機構「LunaLuna」，以及針對婦科疾病展開預防、啟發活動的一般社團法人「Think Pearl」，在二〇一八年二月十六日至十九日，對10歲至50歲以上，共19008名女性進行了意見調查。其中，針對10歲至20多歲，共4502名女性提出的問題：「如果在關於月經、女性身體、性方面的問題上碰到煩惱的話，會與其他人商量或者聊一聊嗎？」共有48．1%的人回答「只有在遇到不安的事情時，才會與人商量」；24．5%的人回答「自己是個不怎麼會談及這件事的人」；9．4%的人回答「自己完全不會談論這件事」；而回答「平時就經常會與人聊這個話題」的人，僅有18%。

其中有8成的人，即便對月經、身體、性相關的事情產生煩惱，也幾乎不會與任何人商量。如果這個情況維持不變，您的孩子也可能會成為其中一員。

10歲至20多歲的受訪者當中，對於「為什麼幾乎不會和任何人談論與身體、性相關的煩惱？」這個問題，共有40.9%的人回答「因為周圍沒有任何人在談論這個話題」；37.6%的人回答「因為目前這件事並非是個會對日常生活造成影響的問題」；35.4%的人回答「因為不知道該跟誰說比較好」；27.4%的人回答「因為覺得很害羞」。

我想，反過來說，就代表著如果周圍的人會談論這樣的話題、知道可以找誰商量、父母能夠不害羞地談及與身體和性相關的事情的話，孩子就能更容易與他人商量。而且，即便這件事不會影響到日常生活，如果能讓孩子知道有什麼疾病最好能夠盡早發現的話，孩子也會變得能夠與父母談論這件事。

我的母親也有很嚴重的經痛症狀，所以比較容易能與她商量。然而，我診療過的國、高中生患者當中，許多陪同前來就診的媽媽都這麼說過：「我完全沒有體會過經痛，所以不太明白經痛的狀況。」

對於從未經歷過這種痛楚的人來說，或許真的不會明白。不過，如果向他們說明「那個感覺比蛀牙還要痛，有經痛的人，每個月都要經歷像這樣波濤洶湧而來的痛苦哦」的話，許多人都能夠理解。

雖然我們希望孩子能夠直接向可以商量的對象，例如向保健室老師、朋友、家人開口，但還是有很多孩子會因為害羞而無法談論這件事。

於是，最近有可以透過智慧手機進行遠距診療的服務，每個月需負擔的費用為數百日圓。另外，也可以透過月經專用應用程式的常見問答等功能，來對照自己的身體狀況。如果能夠盡早與人商量，就能夠降低將來罹患疾病或不孕的風險。請您告訴孩子：

「有非常多的方法都可以幫助你進行相關諮詢。」

度過經期的方法

經期時，如果身體與心靈都能夠感到放鬆的話，是再好也不過了！

經期時，由於受到荷爾蒙的影響，身體容易感到疲倦，心情也容易感到低落。為了讓身心都能感到更輕鬆，為女兒打造良好的環境來度過經期是非常重要的事。

2-1 在生理用品上花點心思

各位會使用什麼樣的生理用品？在日本，主流的生理用品是衛生棉。在歐美，則是以衛生棉條為主流。我們經常會感覺月經很麻煩，但是如果能夠好好利用生理用品，就能夠讓月經來潮時的生活過得更加舒適。

在這裡，我將介紹各類能夠在日本買到的生理用品，以及這些生理用品的使用方法與注意事項。另外，我也會向各位介紹我推薦的生理用品排名！

第1名：月經褲

這是無須使用衛生棉的月經褲。

幾年前，市面上還只能買到國外製的月經褲。但最近，日本製的月經褲也越來越多。月經褲是由3層到4層結構製成，分別具有將表面做得乾燥清爽，以及防菌、吸收經血、防水等功能。從日用量少到日用量多，有著各式各樣不同的設計。

剛開始使用月經褲時，應該有很多人都會擔心「只穿這一件會不會不夠」。我想，或許可以試著在月經量最大的日子結束之後，穿穿看月經褲，實際感受它乾燥清爽的質感。尤其是在夏天使用衛生棉時，很容易就會感到悶熱，所以我特別推薦在這個時期使用月經褲。

第2名：月經杯

由於月經杯是以矽膠或TPE（熱塑性彈性體）等具有彈性的材料所製成的，所以將鐘形月經杯彎曲折疊後，可以把它放入陰道內部。月經杯最久可以使用12個小時，並且能夠重複使用。只要購買一次，就可以使用數年。跟衛生棉和衛生棉條比起來，不用持續數年不斷購買，不僅更經濟實惠，外出時也幾乎不需要將其取出，還能夠垃圾減量。另外，碰上災害發生時，也是個非常方便的產品。

最近，許多月經杯的內側都會附上刻度標示，使用者也可以透過月經杯上的刻度來觀察自己的經血量多寡。因為能夠掌握自己的經血量是多或少，所以到醫院看診時也很容易就能向醫生說明，十分方便。

如果月經杯中的血滿出來的話，會感受到「啵」一聲的獨特感覺。遇到這樣的情況，即使是在外出中，也要將月經杯取出，並將杯內的經血沖到馬桶裡面。

我在家中的話，就會直接將月經杯清洗乾淨。如果在外面的話，我會先用可沖式溼紙巾擦拭過後，再將濕紙巾丟入馬桶沖走。在外面將月經杯取出的頻率，大約為一個月一次至兩次，基本上不會對自己造成太大的負擔。

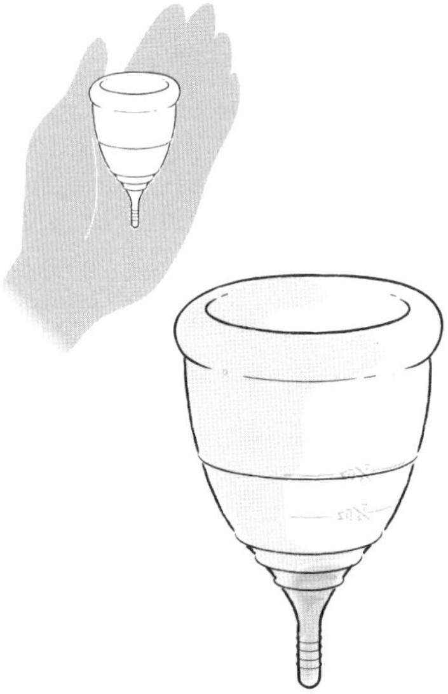

月經杯的保養方式，是在下一次月經來之前將其以沸水消毒，或者以專用的消毒劑來除菌。

順帶一提，在美國有一種叫做「月經碟片」的生理用品。它並非像月經杯的杯狀部分，而是由矽膠製成的圓盤狀生理用品。月經碟片最長可以連續使用12個小時，且為可拋式產品，不像月經杯需要以沸水消毒後才能使用。使用月經碟片的話，經血不會排出陰道外，所以幾乎可以忘掉月經的存在。

使用月經碟片時，不僅可以在月經來潮時下水游泳，甚至也可能進行性行為。如果在日本也能從一般通路購買到月經碟片的話，無論對平常會運動的人來說，還是對使用衛生棉會起溼疹的人來說，都是一項非常棒的產品。

編按：「月經碟片」又稱為「月經盤」，和月經杯一樣，台灣目前已有廠商開發如同月經杯一般可重複使用的矽膠材質產品，原理是將經血擋在子宮內（置放於子宮頸處），承裝量較大，一片可使用12小時。有的產品設計為可在上廁所時因骨盆底肌放鬆，讓碟片短暫移位形成開口，經血自然隨之流進馬桶內，免去人在外面時因盛滿經血必須取出的麻煩。

第3名：可沖式護墊

可沖式護墊是為了提升一般衛生棉的吸收力，貼附在身體上、與一般衛生棉並用的一種衛生棉。

使用可沖式護墊的時候，需要將其貼附在陰道口。不再需要使用時，只要坐在馬桶上，將身體稍微傾斜，可沖式護墊就會自然脫落。接著，只要直接將它沖入馬桶裡就行了。非常方便。

我在量多的日子，曾試過將上述的月經褲與可沖式護墊疊在一起使用。因為能夠兩手空空到洗手間，也不會製造太多垃圾，所以感覺非常舒適。（在推出此項產品的廠商「蘇菲」的網站上，有標明「請將可沖式護

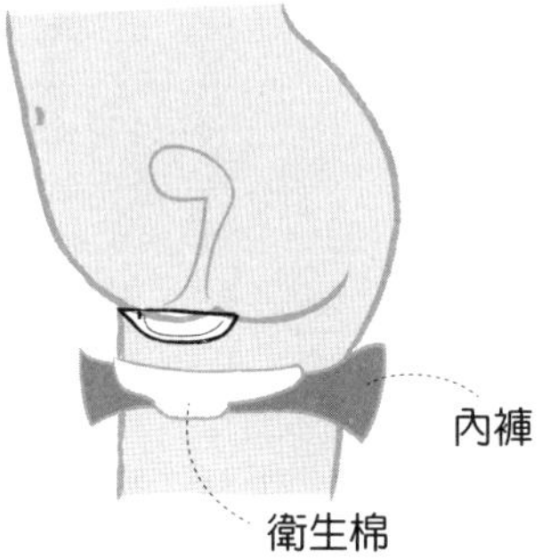

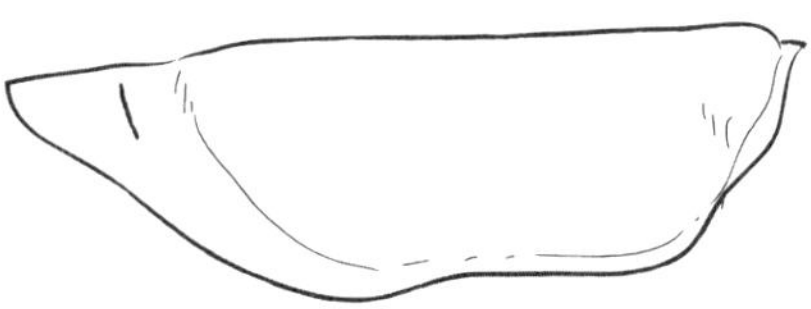

墊與蘇菲的衛生棉疊在一起使用，切勿單獨使用」等注意事項。）

一般的衛生棉，從日用量少到夜用量多等設計，有許多不同種類的產品。因為背面附有背膠，不僅可以將其黏貼在內褲上，還有許多帶有翅膀的設計，為了不外漏而費盡心思。然而，使用衛生棉的話，無論如何經血都會流出陰道外面。除了要擔心經血外漏之外，當經血沾到陰部時，還會因為獨特的黏膩、悶熱感而產生不舒服的感覺。

衛生棉如果長時間使用8個小時以上的話，可能會造成溼疹。所以，使用一般衛生棉時，需注意除了夜間以外避免使用衛生棉超過8個小時。如果因為使用衛生棉而造成溼疹，請避免連續使用同一種衛生棉，改使用其他種類。使用市面上販售的軟膏是沒有問題的，不過如果情況不見好轉，可能會引發外陰炎，這時就請到婦科來就診。

如果是青春期的孩子，大多數都不必坐到婦科的檢診台上看診。通常是以仰躺在床上、將膝蓋立起的姿勢看診，並且只會從外側進行診察。

其他選擇：布衛生棉

雖然要花點時間清洗、晾乾，但是因為可以重複使用，不僅對環境友善，也很經濟實惠。如果使用一般衛生棉容易起疹子，或許可以試著使用純棉材質的布衛生棉。

但必須注意的是，諸如「因為布衛生棉比較不會讓子宮受寒，所以對經痛有幫助」，或者「因為一般衛生棉的化學物質會殘留在體內，所以使用布衛生棉對身體比較好」，這些都不是正確的資訊。另外，使用一般衛生棉時容易起疹子的人，也可以試著一起使用拋棄式布衛生棉和一般衛生棉。這麼做的話，在量多的日子時也能夠讓人感到安心。

其他選擇：衛生棉條

由於衛生棉條放在陰道內部可以吸收一定程度的經血，因此能減少經血流出陰道外的可能性。要將衛生棉條放入陰道時，可以採取像深蹲一樣的姿勢，稍微張開雙腳、彎曲膝蓋，再將衛生棉條放入陰道內部。為了避免手上的細菌沾染到陰道內部，在放入衛生棉條前，請徹底將雙手洗乾淨。如果擔心手沾到經血，也可以使用導管式衛生棉條。

衛生棉條上會附有一條棉線，要將衛生棉條取出時，必須使用到這條棉線。所以，將衛生棉條放入陰道內部的時候，一定要把這條棉線保留在陰道外部。

我也曾經在要將衛生棉條取出時，因為找不到棉線而感到慌張。這個時候，請將雙手清洗乾淨，並將雙腿打開，就像放入衛生棉條時的姿勢一樣，把手伸入陰道內部，並像排便時一樣，稍微用一點力氣。陰道的長度最長也只有7到10公分左右，以一般情況來說，手伸進去是可以摸得到衛生棉條的。如果自己無法將衛生棉條取出的話，就請到婦科看診。另外，若將衛生棉條放入陰道內部超過8個小時，很可能會造成感染。

其實，因為無法將衛生棉條取出而至婦科就診的人，並不少見。

2-2 想要讓經期更舒適的話，先解決平時的便祕問題

月經與便祕，有著非常密切的關聯。

應該有很多人都曾遇過在月經來潮之前便祕，或者在月經來潮時開始拉肚子的經驗。月經來潮之前會便祕、肚子脹得鼓鼓的，是因為黃體素抑制了腸道的蠕動。月經來潮時反而會開始拉肚子，是因為子宮內膜分泌的前列腺素會活化腸道的蠕動。

原本就有便祕問題的人，也容易產生更強烈的症狀。經期因子宮收縮而感到疼痛

時，子宮周圍的腸道會蠕動得更劇烈，子宮收縮而產生的痛感也可能會變得更加強烈。

最近，越來越多年輕人有便祕問題，整整一週都沒有排便的孩子也不罕見。據悉，有不少孩子會不好意思在學校的廁所上大號，因為不斷忍耐而導致便祕。我在學生時期也是這個樣子。現在市面上有販賣許多廁所用的除臭產品，也有能夠放入口袋的便攜式除臭噴霧。想要上大號時，不用忍耐，只要準備好除臭產品就可以了。

2-3 取得良好的睡眠品質

經期時，因為疼痛使得身體費盡力氣，肌肉緊繃的狀態也會比平時還要來得更長，大腦也會因為疼痛造成的壓力而感到疲憊不堪。

如果擁有良好的睡眠品質，不僅對身體有好處，對消除大腦疲勞來說也非常有幫助。睡眠品質良好的話，除了容易調整自律神經，也會為卵巢分泌荷爾蒙帶來良好影響。

在經期時固然如此，但若想要取得良好睡眠品質，平時就應該注重寢具的挑選。

對於消除大腦的疲勞來說，使用品質良好的寢具（床、棉被、枕頭……等）是非常重要的一件事。請各位盡量使用適合自己身體的床墊、棉被與枕頭。床墊的話，可以選擇對腰部沒有負擔的製品；棉被的話，選擇容易翻身的應該會很不錯；最近還可以用實惠的價格買到量身訂製的枕頭。

為了不在經期時因擔心經血外漏而無法入睡，可以在床上鋪設防水床單或毛巾，也可以穿上內褲型衛生棉，讓自己安心地睡個好覺。

除此之外，也有在臀部整體都做了防水加工的生理褲，以及像做得肚圍一樣、能夠保護腹部不受寒的生理褲。

經血量開始減少時，試試看不需要使用衛生棉的月經褲也很不錯。

我在學生時期的經血量也非常大，曾經在晚上睡覺的時候遇到經血溢出的狀況。早上起床後，為了不讓家人發現，自己一個人躲起來清洗內褲和床單。如果經血沾染到衣物或寢具，請不要直接放入洗衣機，而是要先把經血清洗乾淨。在經血變得又乾又硬之前，最好馬上用水清洗，否則放久了會容易形成汙漬。血是蛋白質，用熱水洗的話會結塊，所以記得要避免使用熱水清洗哦。此外，也可以使用月經專用的清潔劑來清洗。

2-4 即使在月經期間，也可以泡澡

許多來就診的患者說，在經期時只會淋浴不會泡澡。但我個人建議，在月經來潮時也要泡澡。老實說，我希望各位即使在月經來潮時，也最好能夠毫不在意地泡一泡澡。

如果擔心浴缸的水會變髒，可以等大家都洗完澡之後再進去洗澡[1]。另外，浮在熱水上的血液也很快就會凝固，只要將其撈取出來就可以了。

充分地浸泡在熱水裡，腹部周圍也會慢慢暖和起來，因經痛而變得緊繃的腹部周圍肌肉也會漸漸舒緩、放鬆。如果無論如何都還是沒辦法泡澡的話，也很推薦泡足浴。只要在水桶或臉盆中注入熱水，光著腳浸泡就可以了。請試著把薰衣草或天竺葵等帶有花香的精油加進熱水中。

1 譯註：日本人通常會全家共用一缸水泡澡。他們在泡澡前，通常會先淋浴將全身都清洗乾淨再進入浴缸。

發生經痛時的應對方法

經痛發生時，可能會無法到學校上課、無法參加社團活動，或者沒辦法集中精神考試，也有些人會因為這些原因而到醫院就診。

二〇一六年，體育廳[1]委託非營利組織「日本子宮內膜異位症啟發會議」，實施了「提升兒童體力課題之對策計畫」。根據其對608名女性國、高中生進行的問卷調查顯示，約有80％的學生表示，經期的疼痛程度會對學習與運動造成影響。並且，當中有半數的學生表示他們正在忍受經痛。

對女孩子來說，無論參加考試或求職，本就該與男孩子在同一個條件下競爭。但是因為經痛而影響到學習和就業，實在是一個非常嚴重的問題。

為了讓各位的孩子能夠舒適地度過學校生活，並適當地為她們提供幫助，接下來將向大家介紹經痛的應對方法。

3-1 開始感到痛的時候，就服用止痛藥

「感冒的時候，服用太多抗生素會導致細菌產生抗藥性（細菌對藥物產生抵抗力，使藥物無法發揮效用），所以最好不要服用抗生素。」我想，各位讀者之中，應該有些人曾聽過這種說法。

的確，如果不正確服用抗生素，細菌的抗藥性就會增加，導致在真正需要的時候無法發揮藥效。為此，很重要的一點是，必須好好接受醫師的診斷，在必要的時候服用必要的劑量。

但是，止痛藥並不一樣。市售的止痛藥並不會產生抗藥性。

> ＊抗藥性：反覆使用藥物後，為了讓最初使用時有效的藥物，也能在現在發揮同樣的作用，不得不增加使用劑量的現象。

應該有很多人會對服用止痛藥產生抗拒心理，認為「服用止痛藥好像對身體很不好」，或者擔心「會不會成癮」。但是如果過度忍耐、堅持不服用止痛藥的話，反而對身體很不好。

如果引發疼痛的物質經由神經刺激大腦，血管和肌肉就會收縮，血液循環也會惡化，身體組織的氧氣不足，又會更進一步產生疼痛物質。

如此一來，就會形成疼痛的惡性循環，疼痛的症狀越來越嚴重。由於疼痛會造成大腦的壓力，因此大腦會如同應對壓力一樣地向其他臟器發出指令，這也可能成爲引發其他疾病的原因之一。

為此，以下列方法正確服用止痛藥是非常重要的。

1開始感到痛的話，就盡快服用止痛藥。（在疼痛物質增加過量之前服用！）
2遵守服用方法與服用劑量，每個月最多服用10天。
3服用止痛藥時，搭配常溫水。
4不把藥丸搗碎。
5飯後30分鐘內服用。

3-2 如何選擇適合自己身體的止痛藥

用於經痛的止痛藥，大致上可以分為兩種。分別是「非類固醇消炎止痛藥（NSAIDs）」，以及「乙醯胺酚」。月經來潮時，子宮內膜會分泌疼痛的根源物質是前列腺素，NSAIDs可以抑制此物質的合成，緩解子宮收縮造成的疼痛。乙醯胺酚則會在大腦感覺到疼痛的部位產生作用，緩解大腦感覺到的疼痛。

正確服用NSAIDs的話，會有非常好的止痛效果。不過需要注意的是，服用NSAIDs可能導致氣喘發作，所以這款止痛藥並不推薦給經常氣喘發作的孩子使用。

上述所提到的「正確服用止痛藥的方法」，其第2至第5項除了是為了防止NSAIDs對胃部造成傷害，也是防止服用過度對腎臟造成損害。

乙醯胺酚則不會導致胃腸道損傷與腎功能損傷等副作用，就算對幼兒來說也十分容易使用的藥物。只是，如果沒有服用到一定程度的量，就無法發揮藥效，所以請嚴格遵守服用方法與服用劑量。

藥物的選擇方法

未滿15歲→乙醯胺酚

15歲以上→有氣喘病→乙醯胺酚

15歲以上→無氣喘病→NSAIDs或乙醯胺酚

如果服用市售的乙醯胺酚卻沒有效果，有氣喘病的孩子或未滿15歲的孩子也可以服用NSAIDs，但最好根據體重與年齡等狀況來採取個別的處方，請先到小兒科或婦產科進行諮詢。

如果一開始服用止痛藥的時候有效果，後來卻逐漸感覺即便服用止痛藥也不見藥效，可能是身體隱患有「子宮內膜異位症」或「子宮肌瘤」等婦科疾病。請多加留意，並到醫院接受醫師的診察。

有些青春期的女孩子，在經期前會產生嚴重的煩躁情緒，她們也會因此感到苦惱而到醫院進行諮詢。有時候，甚至有些女孩子會邊哭邊走進診療室。

1 譯註：日本行政機關之一。主要任務是促進體育運動，並推動與體育相關的措施。

如何面對經期前的焦躁與不舒服？

除了向男友發洩經期前的煩躁情緒、與對方吵架，有些女孩子也會因為無法抑止焦躁感而沒辦法集中精神讀書。

像這樣在月經來潮之前的煩躁情緒，稱為「經前症候群」（PMS）。

4-1 經前症候群有哪些症狀？

在月經來潮的3至10天之前，如果出現以下症狀，就很有可能是經前症候群。

- 產生幾乎無法靠自己抑制的焦躁感。
- 情緒不安定、情緒波動劇烈、心情時好時壞，一下跌落谷底，一下又興奮高漲。
- 在沒有特殊原因的狀況下也會流淚。
- 無法專心學習。

- 身體浮腫、體重增加。
- 胸部腫脹。

4-2 為什麼會產生經前症候群？

事實上，會產生經前症候群的原因尚不明確。

不過，會在經期前產生這些症狀的原因，被認為可能與女性荷爾蒙的變化有關。因經前症候群症狀來到醫院就診的患者當中，大部分都是年齡約10多歲的女孩子。推估原因為在身體急遽成長的過程之中，女性荷爾蒙會持續不安定地變化。

4-3 如何與經前症候群和平相處？

婦科採取的治療處方，是開立低劑量口服避孕藥，以及能夠緩解煩悶焦躁情緒的中藥，還有少量的精神穩定劑。

服用低劑量口服避孕藥後，女性荷爾蒙的分泌量會維持在一定的水準，並抑制排卵，經血量減少會減輕經痛，經前症候群的症狀也會跟著改善。只是，人的身體上有個能讓骨頭長長、長粗的「骺板」（又稱生長板），如果還在長高的孩子服用口服避孕藥的話，骺板可能會停止生長，因此無法爲他們開立這個處方。

有時會開立能夠緩解煩悶焦躁情緒的中藥來代替口服避孕藥。對於還在長高、不適合口服避孕藥，或者服用中藥比較能收到藥效的人，就會開立中藥處方。

如果有強烈的煩悶焦躁感，或者情緒不安定的狀況非常嚴重，也會開立精神穩定劑。與精神科開立的強烈藥效處方不同，這種處方作用比較輕微。

與服用藥物並行的方法，是培養運動習慣。經期前感到煩悶焦躁時，如果能夠適度做一些對身體不會造成太大負擔的運動，例如步行、瑜伽等，則可以預防、減輕經前症候群。

就飲食而言，最好不要攝取過多咖啡因、鹽分、糖分。建議多多攝取維生素。像是扁桃仁（台灣俗稱「杏仁果」）等堅果類也含有豐富的維生素，請積極食用。另外，飲用花草茶等能夠放鬆身心的茶類也很不錯。

像那樣的經痛，放著不管沒關係嗎？

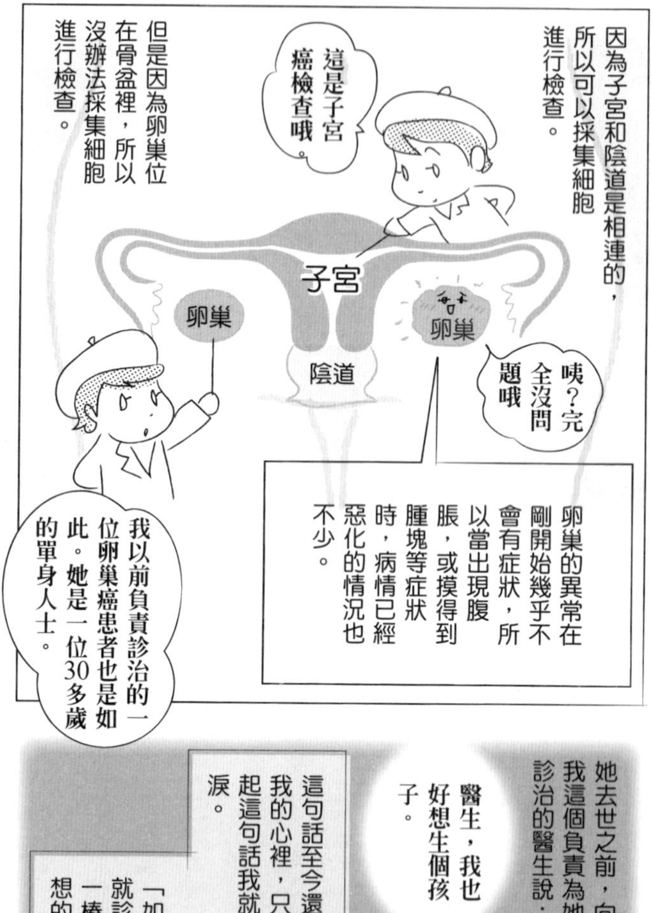
因為子宮和陰道是相連的，所以可以採集細胞進行檢查。
這是子宮癌檢查哦。
但是因為卵巢位在骨盆裡，所以沒辦法採集細胞進行檢查。
子宮
卵巢
卵巢
陰道
咦？完全沒問題哦
卵巢的異常在剛開始幾乎不會有症狀，所以當出現腹脹，或摸得到腫塊等症狀時，病情惡化的情況已經也不少。
我以前負責診治的一位卵巢癌患者也是如此。她是一位30多歲的單身人士。

她去世之前，向我這個負責為她診治的醫生說：
醫生，我也好想生個孩子。
這句話至今還留存在我的心裡，只要一想起這句話我就會落淚。
「如果能早點到婦科就診就好了。」這是一樁不得不令人這麼想的病例。

5-1 判斷經痛的嚴重程度

我想，對於經痛，應該大部分的人都會認為「總覺得自己的經痛症狀比其他人還要嚴重，但是又不知道究竟有多嚴重」。特別是日本的女性，有數據顯示，日本女性幾乎不太會與朋友或家人談論與月經相關的事情。

對此，有一項「臉譜疼痛量表」的評量方法，也就是使用「從笑臉到哭臉」的6階段表情，選擇自己的痛感與哪一個最接近，來表示當下感受到的疼痛程度。

指數在3以上的話，是會對日常生活造成影響的程度，身體可能存在需要進行某些治療的疾病。請讓孩子看一看臉譜疼痛量表，聽聽她的疼痛程度有多嚴重。

5-2 可能是子宮內膜異位症？

所謂「子宮內膜異位症」，原來是子宮內側的子宮內膜剝落後，在子宮外的部位與女性荷爾蒙發生反應，並在月經來潮時產生出血症狀的疾病。如果在卵巢發生子宮內膜異位症，卵巢就會腫脹。當卵巢內持續出血並逐漸積聚血液，積聚的舊血液顏色看起來就會像巧克力一樣，所以

●FRS（wrong faces pain rating scale）臉譜疼痛量表

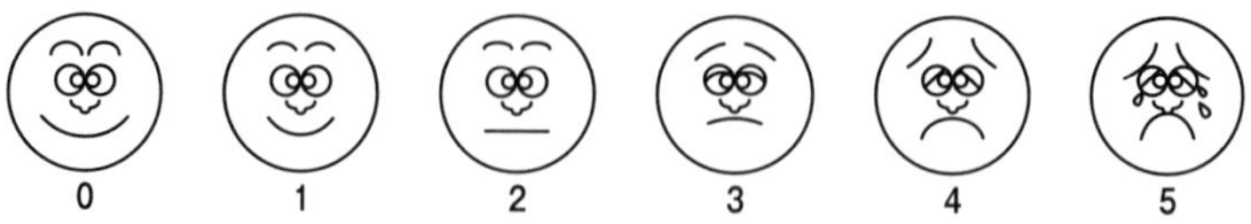

被稱為「巧克力囊腫」。

患有子宮內膜異位症的患者當中，共有9成的人有經痛症狀；有月經的日本人當中，每十人就有一人患有子宮內膜異位症（2百萬人至4百萬人）。因此，有經痛的人，也很有可能患有子宮內膜異位症。

就像第2章所講述的一樣，現代人一生當中所經歷的月經次數，從以前的50次提升至現在的450次。這也意味著現代人罹患子宮內膜異位症的機率跟著增加，在有月經的這段期間，症狀也可能持續惡化。

5-3 放任經痛不管的話，真的會導致不孕嗎？

如果有經痛症狀和子宮內膜異位症，卻完全放置不管的話，將來有可能會導致不孕症。

患有子宮內膜異位症的話，散落在骨盆內部的子宮內膜會反覆出血。於是，子宮與輸卵管，以及輸卵管與腸道等器官就會黏著在一起，輸卵管的管道也會越來越不暢通，導致受孕變得困難。另外，因子宮內膜異位症產生的發炎物質也是造成不易受孕的原因之一。

許多結婚數年卻總是無法懷孕的人，也是因為來到婦科看診之後才發現自己罹患了子宮內膜異位症。原因不明的不孕症當中，有50％都被認為與子宮內膜異位症有關。如果經痛症狀非常嚴重，卻因為認為這不是疾病而持續忍耐的話，腹中的病狀就會變得越來越嚴重！「要是我早點到婦科看診就好了……」有非常多患者在事後都是這麼想的。

＊所謂不孕，指的是希望懷孕的健康男女，在沒有避孕的情況下進行性行為，然而在一定的期間內卻沒有辦法懷孕。關於上述的「一定期間」，日本婦產科學會將其定義為「一般情況為1年」。在二〇一五年之前，這個「一定期間」的定義為2年。由於人們的平均初婚年齡逐年上升，跟大約40年前的25歲相比，現在的平均初婚年齡已提升至30歲。因此，這個「一定期間」的定義也與「平均初婚年齡」有關。

5-4 放任經痛不管的話，真的會導致癌症嗎？

一般來說，卵巢中的巧克力囊腫，大約有1%會癌化。如果將大塊巧克力囊腫放置多年不管的話，則有可能會造成癌症。卵巢癌這種疾病，很難預測治療後的情況，因此請不要放任經痛不管。

*根據日本「卵巢子宮內膜異位症囊腫癌化頻率與預防」小組委員會的統計，在全國93個機構當中，2948例卵巢巧克力囊腫患者的資料顯示，當中有25例發展為卵巢癌。

5-5 子宮內膜異位症有引發妊娠併發症和心臟病的風險

「妊娠併發症」是與懷孕相關的異常病症。

我們已知，患有子宮內膜異位症的患者，將來懷孕時會增加早產或早期破水的風險。除此之外，患有子宮內膜異位症的話，不只不易受孕，在好不容易受孕後引發異常問題的風險也會提升。

不僅是妊娠併發症，子宮內膜異位症也會提高罹患心臟病的風險。也有資料顯示，與沒有罹患子宮內膜異位症的人相比，被診斷出罹患子宮內膜異位症的人引發心肌梗塞、狹心症，以及執行冠狀動脈繞道手術、支架置放手術的比例較高。

這被認為與子宮內膜異位症導致血管機能下降的原因有關。也就是說，如果因為認為只是經痛而置之不理的話，在不知不覺當中，可能會成為將來罹患重大疾病的原因。

如何治療痛經症？

所謂「痛經症」，指的是在經期前，或伴隨經期所引起的下腹痛與腰痛等經痛症狀。以及除了這些會在經期結束前，或伴隨經期結束而跟著消失的症狀之外，產生的頭痛、噁心、腹瀉等，各種對日常生活造成影響的症狀。

如同前面所講述的，要是放任經痛不管的話，會導致將來發生不孕症或卵巢癌的風險。所以，接下來我將具體介紹痛經症，以及與治療痛經症關的話題。

6-1 透過治療痛經症，來預防不孕症和癌症

如前所述，現代女性一生的月經次數為450次，跟50年前的女性相比，這個數字增加了9倍之多。雖然也有人將月經稱為「子宮排毒」，但事實並非如此。

如果在沒有接受治療的狀況下，超過3個月月經都沒有來潮的話，就需要接受無月

經的檢查與治療。但是，當經期次數增加，在月經來潮時，經血經由輸卵管流至腹腔內部的次數和量也會跟著變多。於是，發生子宮內膜異位症的可能性也會隨之增加。

為此，世界各國也正在進行相關治療，希望能盡量減少在沒有懷孕意願時迎接月經來潮的次數。在日本，透過減少月經的次數與量來治療痛經症的方法，也正在青春期世代之間逐漸普及。

接下來，主要將介紹青春期世代在治療痛經症時，會採取的兩種荷爾蒙治療方法。

6-2 使用低劑量口服避孕藥，避免在重要活動時碰上經期

一般來說，在國外最廣泛被使用的避孕方法，是服用口服避孕藥。

在日本，口服避孕藥是透過自費診療能獲得的處方。不過，對於痛經症，也有透過國民健康保險能獲得的低劑量口服避孕藥處方[1]。

雖然有點難懂，但就成分來說，可以這麼想也沒關係：日本開立的口服避孕藥處方＝低劑量口服避孕藥。

其原由是因為使用過口服避孕藥之後，許多人的經血量減少、經痛減輕，於是口服避孕藥便開始用於治療月經困難症，並且也開始可以透過國民健康保險處方來取得低劑量口服避孕藥了。

低劑量口服避孕藥的主要作用，是透過持續服用極少量的雌激素與黃體素，使大腦確信卵巢有確實分泌出荷爾蒙，從而抑制排卵。

由於不會排卵，所以能將血液中的雌激素和黃體素濃度抑制在一定的程度上。因此，與通常的月經週期相比，子宮內膜會變得比較薄。當經血量減少，原本為了擠壓排出經血而展開的子宮收縮運動會變弱，於是經痛也會跟著減輕。經血量減少後，經血流至腹腔內的量會跟著減少。因此，使用口服避孕藥也被認為在減少子宮內膜異位症的發病風險上或許有其效果。

除此之外，低劑量口服避孕藥還具有讓子宮頸黏液（接近排卵日時，連接子宮與陰道的子宮頸會充滿許多像水一樣的透明黏液，通常稱為「白帶」）變濃稠、使精子難以通過的作用。雖然使用低劑量口服避孕藥會擁有非常顯著的避孕效果，但是這並無法預防性傳染病，所以在進行性行為時，需要與保險套合併使用。

低劑量口服避孕藥有各式各樣不同的種類，這些差異包含「不同種類的黃體素」，以及「不同含量的雌激素」。

使用某一種類的低劑量口服避孕藥時，若出現不適應等副作用，在很多情況下也可能會更換為使用其他種類的低劑量口服避孕藥。因此，建議您不要勉強服用，而是先諮詢您的主治醫師。

低劑量口服避孕藥的價格，約為2千至3千日圓左右。如果是學名藥[2]的話，一個月的費用則約為1千6百日圓。使用低劑量口服避孕藥，就可以在月經期間輕鬆地行動，也能夠避免讓經期與重要考試或學校活動的日期重疊。

6-3 使用口服避孕藥會導致懷孕變得更困難？

關於口服避孕藥，經常會聽到的疑問是：「服用避孕藥真的會導致懷孕變得更困難嗎？」

雖然使用口服避孕藥可以抑制排卵，但是如果停止使用的話，兩個月後就會恢復排卵，因此並不會使懷孕變得困難。相反的，由於經血流至腹腔的量減少了，將來或許也能夠減輕由子宮內膜異位症所引發的不孕症風險。

不過，如果認為已經有使用口服避孕藥，就不戴保險套進行性行為的話，可能會造成披衣菌感染等性傳染病，並引發骨盆內的沾黏問題，這也很可能會成為將來不孕症的原因之一。所以，很重要的一點是，即便已經使用過口服避孕藥，在進行性行為時也要使用保險套。

6-4 口服避孕藥有哪些副作用？

口服避孕藥主要的副作用為「非經期出血」，也就是性器官在經期以外的時間出血。引起非經期出血的原因，是由於使用口服避孕藥後，大腦會誤以為身體懷孕了，於是就會抑制排卵，使子宮內膜維持在薄薄的狀態。也因為如此，在開始使用口服避孕藥的1到3個月內，由於子宮內膜變薄、處於容易剝落的狀態，必定會導致非經期出血。不過，這種非經期出血的狀況，也會隨著持續使用口服避孕藥而跟著消失。

如果有好好地按時服用，卻持續好幾個月發生非經期出血的情形，則可能是身體隱藏著其他疾病，請向醫師諮詢。

其他副作用包含胸部腫脹、頭痛、血栓……等等。基本上，如果持續使用口服避孕藥，胸部腫脹和頭痛等症狀大致上也會自然好轉。

第4章2-2〈具體的避孕方法〉之部分，也有介紹到口服避孕藥。關於「血栓是什麼樣的病症？」請參考那裡的解說。這裡想要說明的是，使用口服避孕藥有可能會引起血栓此一不常出現的副作用。不過相較之下，一般在懷孕、生產後，以及由吸菸所引起的血栓風險，更是高出了好幾倍。

6-5 對於還在長高的孩子來說，低劑量口服避孕藥是NG藥物

黃體素療法

對於還在長高的孩子，我推薦使用黃體素療法。

低劑量口服避孕藥是雌激素和黃體素的複合藥物。基本上，如果女孩子已經迎來初經的話，就可以使用低劑量口服避孕藥。只是，如果在骺板閉合前，也就是身高還在成長的途中就補充雌激素的話，骺板可能會提早閉合。因此，不太適合對還在長高的孩子開立此處方。

但是黃體素療法不包含雌激素，因此身高還在成長的女孩子可以使用此療法。與低劑量口服避孕藥相同，黃體素療法使子宮內膜變薄、減少經血量，因此能減輕經痛。

不過與使用低劑量口服避孕藥相比，黃體素療法造成非經期出血的頻率比較高，持續期間也比較長。開始使用黃體素療法約半年內，會常發生極少量的非經期出血情形。一般認為，黃體素療法的優點，是造成血栓的風險比使用低劑量口服避孕藥還低。

使用低劑量口服避孕藥，或者接受黃體素療法，兩者所需的費用並沒有太大的差異。但由於藥劑的種類稍有不同，治療時該選擇哪種藥劑，也會有各自對應的處方。

1 編註：台灣也有。

2 譯註：學名藥，在原始藥品的專利權期滿後，由其他公司製造的相同成分之藥品。其功效、用法、用量也與原始藥品相同。編註：在台灣，避孕藥需由醫生開立處方，才可由藥師調劑。

第4章

面對「關鍵時刻」，父母為了孩子必須知道的事

國、高中生因為懷孕而來到門診看診時，
雖然有戴保險套，但還是懷孕了。（保險套破裂、脫落）
除了聽過有這樣的狀況之外，
沒辦法對男朋友開口說「No」，
如果是體外射精的話就沒關係啦。
雖然對方這麼說，卻不小心懷孕了。
也聽過這樣的情形。
跟男朋友說自己懷孕，之後就聯絡不到他了。
喀鏘！
嘟……
嘟……
嘟……
或者，
真的是我的小孩嗎？
對方這麼問。
順著當下的氛圍，就和初次見面的人發生第一次的性行為，結果卻因此感染梅毒。
我也曾遇過這樣的患者。
在婦科進行診治時，這些都不是什麼稀奇的狀況。

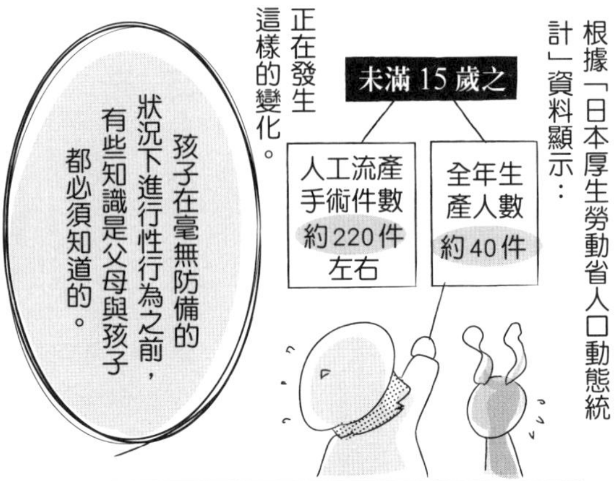
根據「日本厚生勞動省人口動態統計」資料顯示：
未滿15歲之
全年生產人數 約40件
人工流產手術件數 約220件左右
正在發生這樣的變化。
孩子在毫無防備的狀況下進行性行為之前，有些知識是父母與孩子都必須知道的。

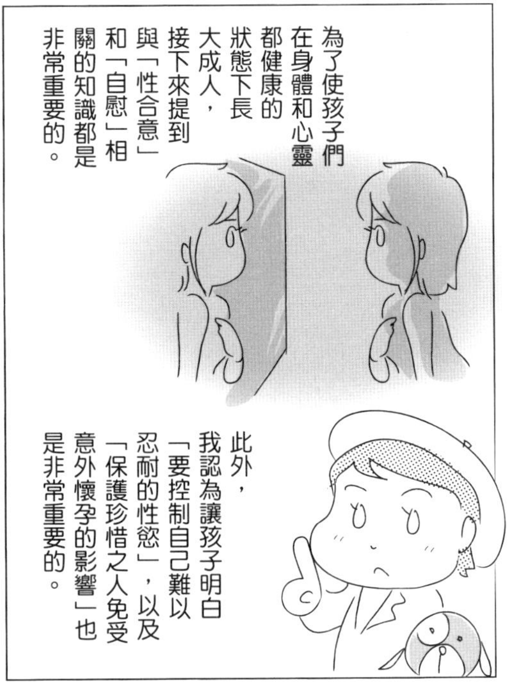
為了使孩子們在身體和心靈都健康的狀態下長大成人，接下來提到與「性合意」和「自慰」相關的知識都是非常重要的。
此外，我認為讓孩子明白「要控制自己難以忍耐的性慾」，以及「保護珍惜之人免受意外懷孕的影響」也是非常重要的。

到第3章為止，介紹了家長該對孩子進行什麼樣的性教育，以及月經的知識、消除經痛的方法。從現在開始，本章則要講述父母必須知道的，隨著孩子成長至青春期，或者成為大人之後，在將來必須面對的性愛與不孕症之相關知識。

了解什麼是「性合意」

所謂「性合意」，是指對與性相關的事情不含糊其辭，與對方互相確認彼此的意願。

我曾為在10多歲時意外懷孕的孩子進行診療，也曾從學校老師那裡聽過一些學生的狀況。在這些經驗之下，我認為有非常多孩子會因為不想被伴侶討厭，而沒辦法開口向對方說「No」。

在歐美，如果沒有明確的「Yes」，就不能判定為性合意。在沒有性合意的狀況下進行的性行爲，就會構成性暴力。

例如，去男朋友家時，雖然沒有被對方毆打或喝斥，但是卻因為拒絕不了而發生性行為。

嚴格來說，這樣的情況就構成性暴力。

因為這是在沒有明確的「Yes」之下所發生的性行為。為了不讓自己的孩子成為性暴力事件的加害者或受害者，請好好地教導孩子何謂性合意。

1-1 用「喝茶」來代替，向孩子說明什麼是性合意

二〇一五年，英國警方發布了一支名為〈同意發生性行為就跟來杯茶一樣〉[1]的動畫短片。因為這支影片以小學生也能輕易理解的方式來說明性合意，所以如果要向孩子傳達何謂性合意時，這支影片也能做為參考。

動畫短片的內容大致如下：

如果覺得「同意」這個概念很難理解的話，那就以「喝茶」代替「性行為」來思考。

你決定要為某人泡杯茶。當你詢問對方「要來杯茶嗎？」的時候，對方回答：「我想喝！謝謝，麻煩你了！」那你就明白，對方也想喝茶。

而如果當你詢問對方「要來杯茶嗎？」的時候，對方回答「嗯……該怎麼辦呢……」的話，無論你接下來決定要泡茶，還是不泡茶，都沒有關係。只是請記得，即便你已經泡了茶，對方也不一定會喝哦。這裡很重要的一點是，如果對方並不想喝這杯茶的話……

請不要勉強對方喝下這杯茶。

就算你為對方特地泡了茶，對方也沒有義務一定要喝下去。如果對方說：「我不想喝茶。」那就請不用再繼續泡茶了。也就是說，不要勉強對方喝下去，也不要為此發怒，或者做出讓對方感到困擾的行為。對方並不想喝茶，就只是這樣而已。

或許你也可能會遇到以下狀況。對方明明說：「謝謝你的好意，那我就不客氣了。」結果等你端上茶時，對方卻突然說他不要喝了。雖然你可能會有點惱火，並認為：「我好不容易為你泡了這杯茶欸！」但是，在這樣的狀況下，對方的確還是沒有義務非得喝下這杯茶不可。對方剛才可能是真的想喝茶，但是現在已經不需要了。

可能是在你燒開水的時候，或是在你將牛奶倒進茶裡的時候，對方就突然改變主意了。但是，就算對方改變主意也完全沒有問題。因為對方並沒有義務一定要喝下這杯茶，你也沒有權力強迫對方喝下這杯茶。

如果對方喝醉並失去意識，也請您不用再繼續泡茶了。失去意識的人並不會想喝茶。或許原本你詢問對方要不要喝茶時，對方非常清醒，也很明確地告訴你：「我想喝茶！」但是在你燒開水的時候，或者將牛奶倒入茶裡的時候，如果對方失去意識了，那麼就請你放下手上的茶、確認對方的安危。這裡要再強調一次，重點是……

絕對不要勉強對方喝下茶。

雖然剛才對方表示：「我想喝茶。」但是意識不清的人並不會想喝茶。此外，如果對方表明自己想喝茶，也開始喝這杯茶了，但是在喝完之前對方就失去意識的話，請不要繼續把茶灌到對方嘴裡。

請放下手上的茶，並確認對方的安危。為什麼？因為意識不清的人並不會想喝茶。即使對方在上週說過自己想喝茶，也不代表他無時無刻都想要喝茶。你不能想著：「他上週不是說過自己想喝茶嗎？」就擅自泡好茶突然跑到對方家裡，跟對方說：「你上週說過想喝茶，對吧？」然後強迫對方喝下去。你也不能因為想著：「不過，他昨天說過他想喝茶，對吧？」就趁對方睡著的時候，強行把茶灌入對方嘴裡。

對於不想喝茶的人，不能強迫對方喝下去。理解對方「並不想喝茶」這一點是非常重要的。

無論是喝茶還是性行爲，「同意、認可、接受」就是最重要的一切。

那麼，我要來為自己泡杯茶了。

＊同意發生性行為就跟來杯茶一樣[2]

https://www.youtube.com/watch?v=fGoWLWS4-kU&t=0s

〈搭話的方法①〉性愛並非理所當然的行為

喜歡上某人的時候，可能會想親近對方，想和對方牽手、接吻，或者進行性行為。但是，即使是男朋友、女朋友，性愛也並非理所當然的行為。

請告訴孩子，有些人會想進行性行為，但也有些人不想進行性行為。

〈搭話的方法②〉不要勉強對方

請告訴孩子，一定要詢問對方：「我可以這麼做嗎？」並且教導孩子：「就像你被強迫去做你不想做的事情時，你也會覺得很討厭吧？」

只有在對方發自內心地告訴你「可以」的情況下，才可以去做這件事。正因為對方是非常珍貴的人，所以也一定要珍視對方的心情。

〈搭話的方法③〉體諒對方的心情

就算對方說過「可以做哦」，之後也有可能會改變心意。

即使由「Yes」轉變為「No」，請不要覺得厭煩。如果彼此能夠成為「在轉變成為Yes之前，靜靜地等待對方」的關係，不是很好嗎？

1 譯註：影片名稱的原文為：Tea and Consent。

2 譯註：這個網址有中文的cc字幕。

關於避孕，必須知道的事情

「避孕」這件事，是在與孩子談論「性行為」時，無論如何都沒辦法迴避的問題。然而，包含我在內的這一世代，大部分的家長都沒有從父母那裡獲得與避孕相關的知識。

雖然也可能會聽到有同學表示：「爸媽知道我交女朋友之後，一句話都沒說就直接把保險套拿給我了。」但應該也有非常多人連保險套的「保」字，都不曾聽父母開口說過吧？

即便如此，現在網路上充斥著許多不明確的資訊，爲了在這樣分不清楚什麼是眞、什麼是假的世界中，守護我們最重要的孩子，還是希望身爲父母的我們要負起責任，教導孩子正確的知識與資訊。

如果無論如何都對開口傳達避孕觀念有抗拒心理的話，希望您也能試著做些自己力所能及的事情，例如將合適的書籍交給孩子，讓孩子了解正確的知識。

2-1 在避孕之前，應該傳達的事情

進入青春期之後，荷爾蒙的分泌會突然增加，有些孩子無法跟上自己身體與心理的急遽變化，也無法好好控制自己的性慾，並因此產生煩惱。

特別是男孩子。許多男孩子的腦子裡，想的都只有一些情色的事情。這並不是什麼異常的行為，進入青春期之後，隨著男性荷爾蒙分泌增加，自然也會對與性相關的事情產生興趣。這可以說是「健康的成長」。

女孩子也一樣。進入青春期之後，受到女性荷爾蒙「雌激素」的影響，女孩子也會開始產生性慾。只是，以女孩子的情況來說，性慾會在排卵日的一段時間過後消退。由於男性荷爾蒙是固定持續分泌，所以男孩子會持續具有性慾，青春期時一年到頭都維持在擁有性慾的狀態之中。但女性荷爾蒙的分泌經常產生變化，因此女孩子並不會隨時都擁有性慾。這個差異是有必要讓男孩子知道的。

另外，也並非所有男孩子都具有強烈的性慾，或者永遠都在想些情色的事。也有些孩子對與性相關的事情沒什麼興趣，或者完全不感興趣（對性不感興趣的人被稱為「無

性戀」，後面會再詳細解釋）。女孩子也一樣。對性的興趣多寡，是存在個人差異的。如果有人會對性抱持強烈的興趣，同樣也有人對性完全不感興趣。當然，也有人會對性抱持厭惡感。

〈搭話的方法①〉告訴孩子「想進行性行為是很自然的事情」

就像動物與昆蟲會透過交配來生下小寶寶一樣，人類也會透過性行為來生下小寶寶。

在身體成長到已經做好可以生小寶寶的準備之後，很自然地就會想與喜歡的人牽手、擁抱、親吻，以及發生性行為。然而，並非所有人都是這麼想的。有一類被稱為「無性戀」的人，就不會產生這樣的想法。

無性戀是LGBTQ族群的其中之一，指的是原本就對戀愛或性慾沒什麼興趣，或者完全不感興趣的人。但是如果說到無性戀的人是否不具有「愛情」這樣的感情，那也並非如此。我想，如果感受到愛的話，他們還是會想與對方成為伴侶，也會想與對方結婚。只是，他們不太會產生戀愛的感情，也幾乎不具有性慾。

升上國、高中之後，同學之間應該經常會圍繞著戀愛的話題，例如聊到：「我被某某學長／學姊告白了。」或者：「你不交男朋友／女朋友嗎？」這時候，有些孩子心裡可能會想：「我不像大家一樣會想談戀愛，也不覺得自己會想要交男朋友／女朋友。」並且很容易陷入苦惱，認為：「我有這樣的感覺，是不是很奇怪？」

這個時候，作為父母的我們如果擁有無性戀的相關知識，就可以對前來與我們商量的孩子說：「並不是所有人都會想要談戀愛哦。就算不想談戀愛，也不是什麼奇怪的事哦。」

即使孩子沒有來與自己商量，如果父母能不抱有偏見，除了可以保護自己的孩子，也能夠消除對孩子周遭的ＬＧＢＴＱ族群產生的歧視心理。

我認為，父母有責任讓自己的子女成長為一名「不懷抱歧視與偏見」的孩子。所以，父母具備ＬＧＢＴＱ的知識是非常重要的。

〈搭話的方法②〉教導孩子「必須配套考慮性行為與該負的責任」

雖然還不想生小寶寶，但是想要和喜歡的人發生性行為。

這個時候要做的，就是「避孕」。

簡單來說，就是在「無法製造出小寶寶」的狀況下進行性行為。

只是，不管使用哪一種避孕方法，都沒有辦法百分之百防止懷孕。因此，也有非常多國、高中生在發現懷孕之後，無論本人還是身邊的人都會感到非常驚慌：「完蛋了！怎麼辦！」

如果父母可以告訴孩子「在能夠負起責任處理這件事之前，最好還是不要進行性行為」的話，也是比較理想的做法。

2-2 不只是保險套，也有其他避孕方法

在日本，最普遍的避孕方法，就是使用保險套了。但是，請把「保險套的避孕失敗率也相當高」這件事告訴孩子。關於保險套失敗率會這麼高的原因，後面會再更詳細地說明。

接下來，我將先按照自己推薦的順序，一一向大家介紹各種避孕的方法與知識。

①口服避孕藥（雌激素與黃體素的複合口服避孕藥）

避孕失敗率：如果按時使用口服避孕藥，一年內會懷孕的機率是0.3％。
如果偶爾忘記服用的話，一年內會懷孕的機率則是9％。

為了保護肚子裡的小寶寶，懷孕中的女性不會在懷孕的過程中又再度懷孕。口服避孕藥是一種能夠讓大腦認為現在的身體正處於懷孕中的狀態，並抑制排卵的藥物。

女性在使用口服避孕藥之後，由子宮分泌出來的黏液會變得濃稠，除了使精子沒辦法輕鬆游動之外，也會很難進入子宮內部。此外，由於子宮內膜變得比平時還要薄，所以卵子也不容易著床。也就是說，卵子很難鑽入小寶寶的床鋪之中。

口服避孕藥的種類非常多，荷爾蒙的含量與種類各有不同，也各具特點。婦產科醫生會根據不同人的需求及體質，開立各自適合的藥物。

開始使用口服避孕藥的第1到第2個月之間，是最容易出現副作用的時期。

口服避孕藥的副作用包含非經期出血、頭痛、噁心、胸部腫脹等症狀。一般來說，如果持續服用的話，這些症狀也會自然改善。如果持續服用還是一樣會感到不舒服的話，也可以更換使用其他種類的口服避孕藥。

萬一在使用口服避孕藥之後，出現劇烈頭痛，或者因舌頭不聽使喚而使得說話變得困難，以及突然出現氣喘、胸痛、腿部疼痛與腫脹，還有手腳無力、麻痺等症狀，就需要立即採取應對措施。請諮詢製藥廠的二十四小時電話客服專線，或者前往常去的醫院就診。

使用口服避孕藥也可能會引發嚴重副作用「血栓」。在懷孕期間，血液往往會變得容易凝結以準備生產。如此一來，血液循環會變差，身體各處的血管也會被血塊阻塞。這就是「血栓」。使用口服避孕藥的話，血液的狀態也會變得與懷孕時的狀態一樣。如果肺部血管堵塞的話，就會形成「肺栓塞」（經濟艙症候群），並引起呼吸困難等症狀。嚴重時，甚至可能導致死亡。

但是，在懷孕期間或生產後發生血栓的機率，比使用口服避孕藥高上好幾倍。因此相較之下，意外懷孕的危險性會更高。

② IUS・IUD　～推薦給有過生產經驗的人之避孕方法～

IUS（子宮內投藥系統）的避孕失敗率：0.2%
IUD（宮內節育器）的避孕失敗率：0.8%

IUS和IUD，都是為了降低懷孕機率而放入子宮內部的裝置，也就是一般所說的「避孕器」。避孕器是塑膠製、小小的，可以到醫院由醫師將其放入子宮。放入子宮之後，最久可以使用5年。不像口服避孕藥，使用避孕器的話，不用擔心忘記服用的問題，副作用也不多。

不過，並不推薦給沒有生產經驗的人使用避孕器。因為沒有生產經驗的人，子宮的出口為閉合狀態，在放入避孕器的過程中，會伴隨劇烈疼痛。

像這樣透過避孕器來防止懷孕的方法，推薦給有過生產經驗，並且以後不會再生小寶寶的人使用。這是因為，雖然如果之後還想要懷孕的話，可以到醫院請醫師將避孕器取出，且恢復到原先還沒裝避孕器的狀態後，仍有懷孕的可能，但是由於使用避孕器是把異物放入子宮內部的行為，所以也存在感染的風險。

IUS會釋放出一種叫做「黃體素」的荷爾蒙。黃體素持續釋放，使其擁有約5年的長期避孕效果。如果是有嚴重經痛的人，或者因經血量大而感到困擾的人，也可以透過國民健康保險診療來使用ＩＵＳ[1]。

與ＩＵＳ相比，ＩＵＤ的費用雖然比較低，但ＩＵＤ並不會像ＩＵＳ一樣釋放出荷爾蒙。不僅經期的經血量不會減少，甚至還有可能會變多，因此並不推薦給經血量多的人使用。

③月經週期法（時機法）

避孕失敗率：24％

也就是說，在月經週期中，避開容易懷孕的期間，並在這段期間內進行性行為。

但是，由於計算月經週期的方法，原本是想要懷孕的人所採取的方法，並不推薦給想要確實避孕的人使用。

④保險套

避孕失敗率：18%

在日本，使用保險套來避孕的人是最多的。只是，保險套的避孕失敗率卻也意外地高。

原因除了保險套裂開、破洞、脫落之外，也可能是因為沒有以正確的方法來使用保險套。例如，只在射精的前一刻才戴上保險套。此外，由於此方法是由男性來主導的避孕方法，所以也存在不少問題。例如，男性不想戴保險套，或者女性無法開口要求對方戴上保險套等等。

對於預防HIV感染與披衣菌感染等性傳染病來說，保險套是非常重要的工具。因此，能夠「正確戴上、正確摘除」保險套，是非常重要的一件事。

●保險套的正確戴法、摘除方法、丟棄方法

1遵守保險套的使用期限。

2指甲太長的話，可能會刮傷保險套，最好剪短一點。

3要把包裝袋打開時，為了不損傷保險套，先將包裝袋中的保險套推到側邊之後再打開。（下圖⇩）

4確認保險套的正反面，將反面覆蓋在陰莖上。如果覆蓋陰莖時搞錯正反面的話，保險套的正面有可能會附著到精液，請把這個保險套丟掉，再開另外一個新的來使用。（下圖⇩）

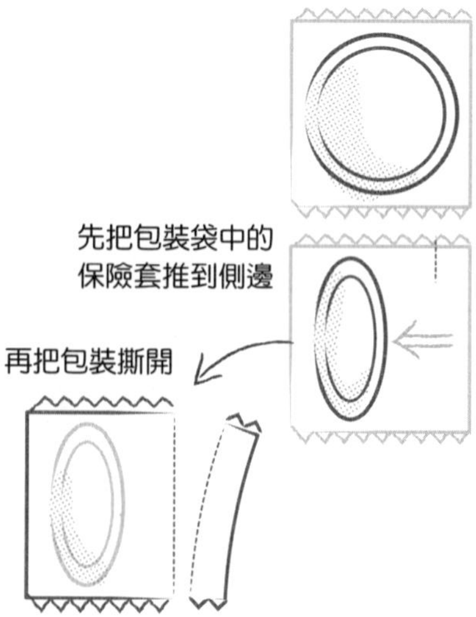
先把包裝袋中的
保險套推到側邊
再把包裝撕開

正面
反面

5捏住保險套前端較細窄的部分（這裡稱為「儲精囊」），將空氣排出。（下圖⇩）

6將保險套覆蓋住變硬的陰莖。此時請不要拉扯保險套。

7將保險套牢牢地伸展到最底部。（下圖⇩）

8射精後，為防止精液溢出，請用手好好壓住陰莖根部的保險套開口處，並立即抽離女性的生殖器。

9為防止精液外漏，請先將使用過後的保險套綁起來之後再丟掉。（下圖⇩）

網路上有非常多關於如何戴保險套的

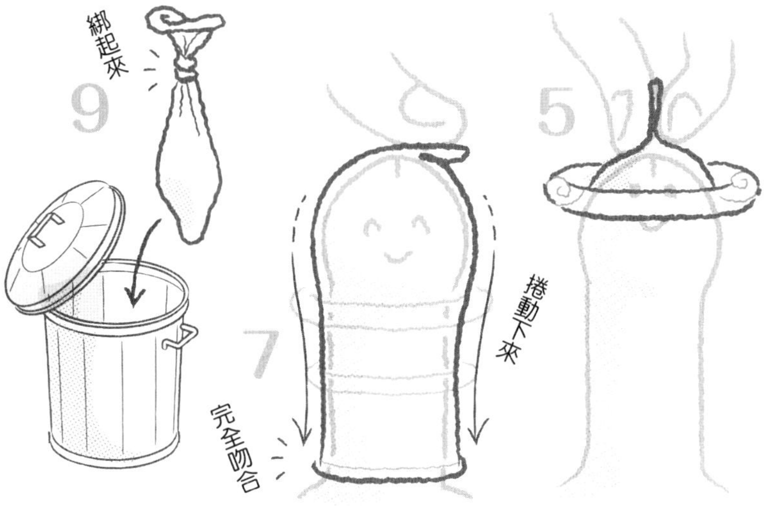

教學影片。

我推薦岩室紳也醫師的「戴保險套的正確方法」[2]，以及清水健頻道的「保險套達人」系列影片[3]。

為了保護好自己的身體，請女孩子也一起好好學習這些知識。

編按：

台灣疾管署的保險套使用宣導影片：正確使用保險套

https://www.facebook.com/watch/?v=330659991459733

台灣衛福部避孕宣導影片：「性福有一套」青少年健康避孕

https://www.youtube.com/watch?v=tWCh89AOI10

⑤體外射精並不能稱為避孕

在成人影片當中經常會看到的「體外射精」，稱不上是「避孕」。其實，每進行5

次體外射精，大約有1次的機率會懷孕。

成人影片呈現的是虛構的世界。請告訴孩子，如果對方表明自己「不要」進行性行為，我們還強行與對方發生性行為的話，那就會成為強制性交。

⑥ 植入式避孕棒

避孕失敗率：1%

植入式避孕棒需要植入女性的體內。

雖然現在還無法在日本使用植入式避孕棒，但是我認為在不久的將來，日本也會開始可以使用植入式避孕棒。[4]

就像注射針頭一樣，這個方法會在手臂植入小小的塑膠棒，植入後可以使用3年。因為植入式避孕棒會釋放黃體素、抑制排卵，經期也會停止，所以對於為排卵痛（排卵時，腹部和腰部感到疼痛）而苦的人，以及煩惱於經血量過多的人來說，這是一種很好的方法。如果想生小寶寶的話，只要把植入式避孕棒取出，就會恢復排卵。

⑦事後避孕藥

避孕失敗率：20％

如果避孕失敗，例如發生保險套脫落、破裂，或者忘記服用低劑量口服避孕藥等情形的話，可以在進行性行為之後的72個小時以內，服用一次事後避孕藥。

有一些國家可以像在藥妝店購買感冒藥一樣，輕鬆購買到緊急避孕藥。在二〇二一年十月的日本，有些診所可以透過遠距診療來開立緊急避孕藥。不過，除了需要醫師的處方籤之外，這也是日本的國民健康保險不給付的自費診療。因此，不同醫院的費用也都各不相同，所需要花費的金額大約為數千日圓至兩萬日圓不等。

編按：台灣目前事後避孕藥仍為須經醫師診療的處方藥，醫界雖有提出轉為非處方藥的意見，但考量用藥安全，尚未有進一步討論。[5]

---

1 編註：台灣健保也有給付。

2 譯註：英文版網址：https://www.youtube.com/watch?v=dThmCyxz5RA；日文版網址：https://www.youtube.com/watch?v=mHHRgFfGnzA

3 譯註：「如何選擇適合自己的男性避孕工具」，網址：https://www.youtube.com/watch?v=ll23JcEUbSA；「保險套的選擇、戴上、摘除方法」，網址：https://www.youtube.com/watch?v=v7cCJXWMQHQ

4 編註：台灣也尚未開放。

5 編註：參見相關報導，中央社〈美核准首款非處方避孕藥，食藥署：不見得跟進〉，網址：https://www.cna.com.tw/news/ahel/202307150081.aspx

告訴孩子未成年懷孕的風險

以前我在急救門診工作時，曾遇過一名17歲的女性因腹痛前來就診。
她在車內破水，到達醫院時，已經呈現看得見嬰兒頭部的狀態。她立刻被送到分娩室開始生產，並生下了相當於懷胎9個月大的小寶寶。
!?
醫生，請幫我處理掉這個孩子。
我至今還忘不了小寶寶剛出生時，這位17歲女性的母親對我說的話。
這種事我們當然做不到。之後經過與兩個家庭的多次談話，最終決定由男方的父母來撫養這名小寶寶。
因為早產的關係，小寶寶被送進NICU（新生兒加護病房）。所幸並沒有造成嚴重的併發症，大約一個月後便出院了。
這名女性是升學名校的學生，聽說她不只照常去上體育課，還因為平常也都穿著很寬鬆的衣服，所以她的家人和學校都沒有發現到她已經懷孕了。
「怎麼可能沒發現她懷孕？」應該很多人都會這麼想。但我認為，或許是因為她本人有意隱瞞自己懷孕的事實，這件事才有辦法瞞得住。
詢問她本人之後，
在我懷孕的同一個時期，我的朋友也發現自己懷孕了。因為她的懷孕週數還不長，可以進行人工流產手術，但是我的懷孕週數過大，已經不能進行人工流產手術了。我沒辦法和任何人商量，覺得非常痛苦。
她是這麼說的。
雖然父母總認為「我家的孩子不會發生這種事」。但是，據說升上高中之後，每4名女學生當中，就有1名有過性經驗。
很重要的一點是，父母要在平時就與孩子建立能夠輕鬆商量一些事情的關係。

如果像這名女性一樣，在未成年時就懷孕，容易引發「先兆性早產現象」，或者「絨毛膜羊膜炎」等妊娠併發症。

此外，我們不能忽略的是，除了父母與孩子集體自殺、強迫一同赴死之外，虐待致死的案件當中，有半數受虐者都是0歲兒童，其中又有26.9%的施虐者為未成年懷孕者，這個比例非常地高。

我認為，身為父母的我們，應該意識到自己的孩子是有可能會意外懷孕，或者意外讓別人懷孕的。除此之外，孩子也可能會虐待自己生下的孩子。

3-1 什麼是未成年懷孕？

未成年懷孕，指的是未滿20歲女性的懷孕與生產[1]。

日本每年的總出生數當中，約有1.3%是未成年懷孕。除了父母與孩子集體自殺、強迫一同赴死之外，虐待兒童致死的案件當中，有17%的施虐者為未成年懷孕者。也就是說，占了總出生數1.3%的未成年媽媽，在生產後可能會馬上把小寶寶埋在公園裡，也可能因疏忽、怠慢等問題，而導致小寶寶死亡。這些都是現實當中存在的狀況。

大多數的未成年孕婦，都是在沒有計畫的狀態下懷孕的。之所以會出現這樣的情況，是因為她們不知道正確的避孕方法，或者誤以為在體外射精就可以避免懷孕。也因為如此，未成年孕婦得到性傳染病的機率會比較高，早產情形也比較多。由於並非在適合懷孕的年齡懷孕（懷孕適齡期為20歲至35歲）[2]，也有很多女性因此出現妊娠型高血壓症狀。

也就是說，未成年懷孕的風險非常高，因懷孕使得母體處於非常危險的狀態。

〈傳達的方法①〉向孩子傳達未成年懷孕的風險

如果要向青春期的孩子傳達未成年懷孕的風險時，請您試著以下述說法告訴孩子。

「女孩子在還是小嬰兒的時候，子宮大概只有小指頭那麼小。但在長大之後，子宮也會跟著越來越大哦。成長到12歲左右，差不多就會開始有月經，可是這時候女孩子的子宮還是比大人的子宮還要小，身體還沒有完全發育到可以懷孕的狀態哦。

「如果在這樣的狀態下懷孕的話，小寶寶可能會在還很小的時候就早產，媽媽的血壓也可能會升高並危及性命哦。雖然懷孕是一件非常美好的事情，但最好還是要在身心都準備好的狀態下再體驗哦。」請這麼向孩子傳達。

1 編註：與台灣定義相同。

2 編註：與台灣定義相近，35歲以上為高齡產婦。

關於人工流產，必須知道的事情

當國、高中生因懷孕來就診時，我的內心經常會想著：「要是沒有懷上小寶寶就好了……」雖然作為婦產科醫師，在這時候應該會想說聲：「恭喜！」

但是，如果對方是國、高中生的話，諸如與男朋友的關係、就學的狀況、將來的事情、雙方家長的態度……等等，許許多多必須克服的問題，就會一下子湧向國、高中生的女孩子身上。

也有一些女孩子，原本認為「懷孕的話就結婚」，但是當告訴男朋友自己懷孕時，對方卻說：「這應該不是我的孩子吧？」因為聽到這樣的話，使女孩子陷入絕望之中。

無論多麼認真避孕，只要進行性行為，就有可能會懷孕。

在多愁善感的青春期，我們不僅向孩子說明具體的避孕方法，也會希望盡可能不要選擇人工流產。不過，就算進行了人工流產手術，也希望接受手術的女孩子往後能不要心懷巨大苦痛地活著。為此，我認為很重要的一點是，我們必須盡早告訴孩子，接受人工流產手術是「女性的權利」。另外，也要盡早教導孩子關於性與性行為的正確知識。

4-1 為什麼日本的人工流產率偏低？

根據日本厚生勞動省公布的數據顯示，二〇一八年度日本國內的人工流產案例為十六萬一千七百四十一件。雖然件數逐年減少，但其中十多歲青少年的人工流產件數，約為一萬三千件。

這個數字是多是少，雖然有很多不同的看法，但是以我執行人工流產手術的立場來看，連大人接受人工流產手術都會使身心承受巨大負擔了，更何況是要讓10多歲的女孩子經歷人工流產手術，心情實在十分沉重。

根據日本「男女共同參畫局」[1]公布的人工流產率之國際比較資料顯示，與其他先進國家相比，日本的人工流產率較低。

乍看之下，這似乎是一件好事，但並不能像這樣一概而論。

我想，日本人工流產率會下降的原因，除了與日本女性的社會地位提高，以及對性行為的消極態度等各式各樣的理由有關之外，或許也與日本人對人工流產手術抱持的罪惡意識有著很大的關係。

在世界各國，也有各種限制人工流產手術的思維。例如馬爾他，在法律上全面禁止墮胎；例如加拿大，完全不在法律上限制墮胎；即使像美國這樣提倡自由的國家，有些州也只有極少數的醫療機構能夠進行墮胎手術。

根據「日本家族計畫協會」[2]在二〇一六年展開的「第八回男女對生活與意識之調查」數據顯示，有58．6%的人認為，最初在接受人工流產手術時的心情為「墮胎太可憐了」。

另一方面，在瑞典及英國等人工流產率比日本還要高的先進國家中，許多人認為進行人工流產手術是「女性的權利」。

其理由為何？這是因為懷孕與生產會影響到女性的生活，使女性在心理上、社會上、經濟上面臨巨大的變化。如果懷孕的女性本人認為自己無法接受這些變化的話，那麼選擇進行人工流產手術就是妥當的做法。

很不幸的，日本每年都會發生約30起未滿1歲兒童被虐待致死的案件。

雖然這些案件之中，並非每一件都是因為意外懷孕所導致的結果，但即便有戴保險套、有服用避孕藥，也有一定機率會發生意外懷孕的可能性。所以我認為，日本有必要改變對人工流產手術的認識。

4-2 可以執行人工流產的懷孕週數，以及懷孕週數的計算方法

在日本，人工流產手術是按照《母體保護法》這項法律規定的條件來執行的。《母體保護法》的指定醫師，在得到本人及配偶的同意之後，便能夠進行人工流產手術。

1 繼續懷孕或生產的話，可能會因為身體或經濟因素而嚴重傷害母體健康者。
2 因暴行或脅迫，在無法抵抗或無法拒絕的情況下，受到性侵而懷孕者。
3 前項之同意，在配偶不知情或者無法表達的狀況下，以及懷孕後配偶死亡的情況下，只需本人的同意即可。

如果是因為遭受強制性交而懷孕的話，不必經過加害者的同意，只需要本人的同

意，就可以進行人工流產手術。

編按：在台灣，根據《優生保健法》第三章第九條規定，懷孕婦女經診斷或證明有下列情事之一，得依其自願，施行人工流產：

1本人或其配偶患有礙優生之遺傳性、傳染性疾病或精神疾病者。

2本人或其配偶之四親等以內之血親患有礙優生之遺傳性疾病者。

3有醫學上理由，足以認定懷孕或分娩有招致生命危險或危害身體或精神健康者。

4有醫學上理由，足以認定胎兒有畸型發育之虞者。

5因被強制性交、誘姦或與依法不得結婚者相姦而受孕者。

6因懷孕或生產，將影響其心理健康或家庭生活者。

未婚之未成年人或受監護或輔助宣告之人，依前項規定施行人工流產，應得法定代理人或輔助人之同意。有配偶者，依前項第六款規定施行人工流產，應得配偶之同意。但配偶生死不明或無意識或精神錯亂者，不在此限。

第一項所定人工流產情事之認定，中央主管機關於必要時，得提經優生保健諮詢委員會研擬後，訂定標準公告之。[3]

在日本，允許進行人工流產手術的懷孕週數為22週以下。如果超過22週就沒有辦法進行人工流產手術。隨著胎兒的成長，對母體的身體和精神造成的負擔就會越大。

編按：在台灣，根據《優生保健法施行細則》第十五條規定：

1 人工流產應於妊娠24週內施行。但屬於醫療行為者，不在此限。

2 妊娠12週以內者，應於有施行人工流產醫師之醫院診所施行；逾12週者，應於有施行人工流產醫師之醫院住院施行。

4

這裡要注意的，是懷孕週數的計算方法。

懷孕週數是將最後一次月經的第1天，作為第0週第0天開始計算，但如果經期不順的話，要是以最後一次的經期開始計算，懷孕週數就有可能會產生大幅偏差。

因此，建議將確定懷孕的性交日期視為懷孕的第2週第0天。確定懷孕的性交日期，是排卵日或排卵的前一天。由於排卵日的計算方法，是由最後一次經期的第一天開始往後推算第14天，所以可以將進行性行為的日期視為懷孕的第2週第0天。

不過，正確的懷孕週數還是要透過超音波檢查嬰兒大小來進行判斷，如果發現懷孕的話，請盡早到醫院就診。

市面上販售的驗孕劑，在懷孕 4 週後左右檢測會呈現陽性。也就是說，在發生性行為的 2 週後，就可以進行檢查。

到醫院就診時，即使沒有國民健康保險證也可以接受診療。由於懷孕不是疾病，因此需要自費，準備個一萬日圓左右應該就差不多了。[5]

4-3 人工流產手術的注意事項

①懷孕初期（懷孕未滿12週）時

若要在懷孕初期（懷孕未滿12週）進行人工流產手術的話：

1 空腹前往醫院或診所。

2 花費數小時，充分擴張子宮頸。

3 打麻醉藥。

4 使用手動真空抽吸術（以塑膠製成的柔軟器具），或者電動抽吸術，將子宮內的胎兒和組織吸取出來後，再將子宮內的組織刮除出來。

5 等麻醉完全清醒後再回家。

手術結束後，會有一段時間持續產生如經痛般的疼痛感，也會持續出血。此外，在極少數的情況下，也可能會因為子宮內殘留部分組織而引發大量出血。

②懷孕中期（懷孕12週至未滿22週）時

若要在懷孕中期（懷孕12週至未滿22週）進行人工流產手術的話，需要住院2至4天。

基本上，此時進行的並非手術，而是以分娩的方式來處理。因此，有必要向鄉鎮市公所提出「死產申報書」和「死產證明書」，並領取「死胎火葬許可證」，進行火葬。

由於懷孕中期進行人工流產手術的話，發生出血或胎盤殘留的風險非常高，所以並非每一間醫院都能夠執行這項手術。一般來說，要進行手術的孕婦大多會被轉介到設有婦產科的綜合醫院。

若在懷孕中期進行人工流產手術，無論在精神上還是在肉體上都會非常痛苦。為此，如果想要進行手術的話，請盡可能在懷孕初期就至醫院就診。

1 辦理住院。

2 花費數日，充分擴張子宮頸（使用「Laminaria tent」昆布類子宮頸擴張棒，或者「DILAPAN」子宮頸擴張器等器具）。

3 每隔3小時，將前列腺素陰道錠放入子宮內，以人工方式引起陣痛。

③其他國家採取的人工流產方法

現在在日本，只允許由外科手術的方式來進行人工流產。但是在其他國家，主流方式是在懷孕初期以藥劑來進行人工流產。而日本也正在探討引進以藥劑來進行人工流產的方法。

根據其他國家的報告數據顯示，在懷孕9週之前的懷孕初期，以藥劑來進行人工流產的話，有90％以上能夠安全地達成人工流產。

不過，就像透過外科手術進行人工流產一樣，透過藥劑進行人工流產也可能會造成大量出血，或者引發感染的風險。因此，一定要到醫院就診，並要在接受《母體保護法》指定醫師的指導下進行人工流產。

如果女性本人能夠自己選擇不會對身體造成更多負擔的方法來執行就好了。

編按：

根據台灣婦產科醫學會網站的指引原則，胎兒小於7週時可使用藥物流產，8至12週時使用手術引產，12至24週則需住院，以藥物促使子宮收縮以分娩。[6]

1 譯註：日本內閣府的內部組織之一，以推進「男女機會平等」與「男女共同參與」為目標。

2 譯註：由日本婦產科相關經營者與個人構成的組織，從事與避孕、不孕、性教育、性傳染病、性暴力、兒童虐待相關的研討會、出版品、教材發放等事業。

3 編註：參見全國法規資料庫，法規名稱「優生保健法」，網址：https://law.moj.gov.tw/LawClass/LawSingle.aspx?pcode=L0070001&flno=9

4 編註：參見全國法規資料庫，法規名稱「優生保健法施行細則」，網址：https://law.moj.gov.tw/LawClass/LawSingle.aspx?pcode=L0070002&flno=15

5 編註：台灣健保的公費產檢從第8週開始給付。如至診所抽血驗孕抽血，自費約5百元左右，視每家診所規定。

6 編註：資料出自台灣婦產科協會網站，網址https://www.taog.org.tw/ill.php

關於不孕症，必須知道的事情

所謂不孕症，是這麼定義的：「在可能生殖的年齡有懷孕意願的男女，在一定期間不採取避孕措施進行性行為，卻未見懷孕的情形便稱為不孕，為希望懷孕並需要醫學治療的情況。」（《婦產科用語集》）。

據悉，每5.5對伴侶，就約有一對會遇到不孕問題。隨著女性平均初婚年齡的增加，遇到不孕問題的比例也在持續增加。二〇一七年時，在日本出生的嬰兒當中，每17名就有1名是透過接受不孕治療而誕生的孩子。

編按：台灣的不孕比例約在10至15％左右[1]，二〇一九年以人工生殖方式出生的寶寶為九千七百七十四名[2]，占所有新生兒（十五萬四千名）比例的6.4％，稍高於日本。

然而，現在的學校教育中，幾乎沒有提到不孕症的相關知識。正因如此，有不少人都表示，自己是在親身遇到不孕症問題後，才第一次知道「卵子老化」是什麼。為了不讓自己的孩子也面臨同樣的處境，還是希望能藉由家庭來一點一點地向孩子傳達不孕症的知識，同時也教導孩子不孕症的預防對策。

5-1 因為男方而導致不孕的情況

關於造成不孕症的原因，來自男性和女性的狀況大約各占一半。這裡先就「由男性造成不孕的原因」來進行說明。

男性不孕的原因，大致上可以分為以下3種類型。

①射出的精液中，精子數量太少，或者精子活動力不佳

這種類型的成因在多數情況下原因不明，但如果是因「精索靜脈曲張」此疾病所引起的話，藉由手術是有可能改善的。另外，在成年後因「流行性腮腺炎」併發的睪丸炎，

或者經過抗癌藥等治療後，也有可能會發生此情形。所以，最好還是去施打流行性腮腺炎疫苗會比較好。發生此情形的話，會以維他命製劑、中藥，或者含有抗氧化作用的藥物等來進行治療。

②無法勃起，也無法插入；雖然可以勃起，但沒辦法順利射精；或者以上皆有

雖然有可能因為動脈硬化或糖尿病等原因，導致男性無法勃起或無法射精。但據悉，來自心因性（心理問題）的原因是最多的。

如果進行不孕治療，就必須配合排卵的時間勃起、射精，可能會因此感覺到壓力，變得無法順利勃起、射精。

③雖然已經製造出精子，但由於精子的通道堵塞，使得精液中沒有精子

原因可能是因為天生沒有「輸精管」這個能讓精子通過的管道，或者由於附睪發生感染症導致管道黏著，也可能是因「腹股溝疝氣」手術的併發症造成管道堵塞。在這些情況下，精子是有在睪丸中好好地被製造出來的。所以，如果能夠重建讓精子通過的管道，或者採集睪丸中的精子進行顯微授精，是有可能製造出小寶寶的。

5-2 因為女方而導致不孕的情況

隨著女性年齡的增長，不孕症的發生率也會跟著增加。20至24歲的不孕症發生率為5％以下；25至29歲約為9％；30至34歲則為15％；35至39歲為30％；40歲以上為60％[3]。

此外，原因不明的不孕症比例也會隨著年齡的增長而上升。

女性不孕的原因，大致上可以分為5種類型。頻率較高的原因，為以下的第①和第②點。

①排卵異常

有很多不同的原因會導致無法順利排卵，但最近似乎有越來越多人因為精神壓力的關係，或者在短時間內過度減肥等原因，造成月經不順、不孕症的情況發生。另外，也可能是因為「泌乳激素」此一荷爾蒙的分泌量增加，或者是因男性荷爾蒙分泌量增加而造成的「多囊性卵巢症候群」所引起的。

②輸卵管異常

輸卵管無法順利發揮作用的原因，可能是因為披衣菌感染等傳染病造成輸卵管堵塞，或者輸卵管周圍沾黏使得運作狀態不良，導致輸卵管沒辦法運送卵子。曾使用抗生素治療過闌尾炎（盲腸），或做過闌尾炎手術的人，闌尾的發炎狀況也可能擴散至輸卵管，引起類似的輸卵管異常問題。除此之外，如果患有子宮內膜異位症的話，可能會因此造成輸卵管周圍發生沾黏情形，使得輸卵管的運作狀態變得不佳。

③子宮異常

子宮異常的問題，可能是因為子宮內膜息肉或子宮肌瘤的關係，造成受精卵難以在子宮內膜著床，或者是因為子宮肌瘤的原因，導致精子難以到達卵子。另外，受人工流產手術或子宮內膜炎的影響，也可能使得子宮內側沾黏、難以著床。

④子宮頸異常

子宮頸異常的問題，可能是因為受子宮頸手術或子宮頸炎的影響，使得子宮頸分泌的黏液量減少，精子也因此難以進入子宮內部。

⑤免疫系統異常

免疫系統異常的問題，可能會發生在「女性的身體裡擁有會攻擊男性精子的抗體」這種狀況。這會阻礙精子的移動，或妨礙精子與卵子結合。

5-3 為了防止孩子將來罹患不孕症，現在應該注意的事項

①施打流行性腮腺炎疫苗

因為流行性腮腺炎是導致精子數量減少、活動量降低的原因之一，也會引起睾丸炎、卵巢炎。

流行性腮腺炎（又稱「耳下腺炎」）的主要症狀為發燒，以及腮腺腫脹與疼痛。另外，也可能引起腦膜炎等神經系統的併發症。每年，以兒童為主，因流行性腮腺炎相關併發症而住院的人數約為5千人。

除此之外，感染流行性腮腺炎還會出現聽力障礙、睪丸炎、卵巢炎、胰臟炎等併發症。現狀是，日本每年約有3百人因流行性腮腺炎的關係，留下聽力障礙相關後遺症。若孕婦感染流行性腮腺炎，有很大的危險性會造成流產，如果可以的話，請在懷孕之前施打流行性腮腺炎疫苗。

若要接種第1劑疫苗，請在孩子成長到1歲之後盡早接種。要接種第2劑疫苗的

話，就選擇在孩子上小學之前的一年內接種。接種一劑疫苗的費用，約為5千日圓。根據居住地區的不同，有些地方機關也會提供補助。

編按：台灣預防腮腺炎的疫苗，是連同麻疹、德國麻疹預防接種之MMR疫苗。公費提供對象包括：12個月及滿5歲至國小前各一劑；育齡婦女、外籍配偶未曾感染德國麻疹（或抗體陰性）者一劑。[4]

②教導孩子正確的自慰方法

尤其是男孩子，如果過於用力握住陰莖，或是習慣「地板式自慰」等強烈刺激的話，可能就無法透過一般插入陰道進行的性行為方式來成功射精。

希望家長能夠教導孩子，要以相當於「不會把柔軟的香蕉捏碎」的力道來進行自慰。

③教導孩子使用保險套

這是為了避免因性傳染病的影響，導致輸卵管堵塞。

對男孩子來說，為了防止性傳染病擴散，正確使用保險套也是很重要的一件事。請在孩子年紀還小時，就跟他聊一聊精子與保險套的話題，或者給他看一看保險套，讓他對這件事產生興趣。孩子升上國中時，最好能夠教導他保險套的正確使用方法。要是怎麼樣都難以做到的話，請若無其事地讓他看看YouTube上的教學影片，以這樣的方式來教導他。

女孩子也一樣。當女孩子升上國中時，請把保險套裝在硬式盒子裡，當作是護身符一樣交給她。如果把保險套放在錢包裡隨身攜帶的話，很可能會造成破損，所以絕對不能放在錢包裡面。

④測量基礎體溫

如果女孩子在迎來初經的兩、三年後，月經仍然不順的話，就進行兩到三個月的基礎體溫測量。

月經週期通常為25至38天。如果排卵順利的話，基礎體溫就會呈現「雙相性」。雙相性是指月經週期中基礎體溫的變化，有高溫期和低溫期。高溫期和低溫期的定義，是兩者之間出現0.3度以上的差異。

月經週期為28天的話，大約會在第14天排卵；月經週期為30天的話，則會在第16天排卵。排卵時，體溫會上升，並會持續約兩週的高溫期。在那之後會轉為低溫期，迎來經期。

月經週期若不是25至38天，或者基礎體溫沒有呈現雙相性的話，可能是某部分的卵巢功能正在下降，請盡早到婦科就診諮詢。

基礎體溫計：一般體溫計顯示的數值，是以0．1度為一單位（例如36．4度）。但是基礎體溫計顯示的數值，是以0．01度為一單位（例如36．42度）。因此，透過基礎體溫劑測量體溫時，可以發現以一般體溫計測量時無法發現的細微體溫變化。

價格：3千至4千日圓。[5]

測量方法：每天早上醒來後，下床之前就先立即測量體溫。為此，請將基礎體溫劑放置在枕邊等伸手就能馬上取得的地方。

由於口中的體溫較穩定，舌背中央的舌繫帶左右各有一處凹槽，請將基礎體溫劑夾在其中一處凹槽來進行測量。測量時，記得要將嘴巴閉起來。

測量完基礎體溫後，可以將數值輸入應用程式內。現在有非常多免費的應用程式，只要輸入數值就可以顯示圖表。例如LunaLuna、月經週期日曆LITE、mememo……等。[6]

不僅是為了預防不孕症，也為了要盡早處理今後可能會遇到的各種問題，在女孩子的初經到來後，如果家長能與孩子一同找到熟知孩子身體狀況的婦產科醫師，且讓孩子能夠做到自己一個人到醫院就診的話就太好了。

1 編註：資料出自衛福部網站「適齡婚育，降低多胞胎妊娠風險」，網址：https://www.hpa.gov.tw/Pages/Detail.aspx?nodeid=1135&pid=2946

2 編註：資料出自衛福部網站，「110年，人工生殖施行結果分析報告」，網址：https://www.hpa.gov.tw/File/Attach/17531/File_22374.pdf

3 原書註：資料出自Menken J, Trussell J, Larsen U. Age and infertility. Science.1986;233:1389-1394

4 編註：資料出自衛福部網站，「國內現行麻疹腮腺炎德國麻疹混合疫苗預防接種建議」，網址：https://www.cdc.gov.tw/uploads/files/18f4bd11-e807-473e-8c04-6f8d0e142967.pdf

5 編註：基礎體溫計依廠牌及功能不同，在台灣的價格約兩、三百元到七、八百元不等。

6 編註：台灣也有許多類似的免費應用程式，手機即可下載使用。

參考資料

- 《世界各國教科書中的性教育》(『教科書にみる世界の性教育』、橋本紀子著、池谷壽夫著、田代美江子著、かもがわ出版)

- 【助產士監修】父母該如何應對孩子的性提問與幼兒自慰？——在家就能進行的性教育網站「命育」(【助産師監修】子供の性の質問や幼児自慰、親はどう対応する？ー家庭でできる性教育サイト命育)
  網址 https://meiiku.com

- 來學習如何正確使用衛生棉吧！ elis 女孩子的診所（ナプキンの正しい付け方を知ろう—エリス 女の子クリニック）
  網址 https://www.elleair.jp/elis/elis_girls_clinic/

- 無論是孩子或女性去做，都是很自然的事情！來了解自慰吧（禮節和注意要點）——在家就能進行的性教育網站「命育」(子供も女性も自然なこと！マスターベーションを知ろう～マナーと注意点—家庭でできる性教育サイト命育）
  網址 https://meiiku.com

- 二〇一八年二月十六日到十九日，由 LunaLuna（從身體管理，到懷孕、產後、育兒，支持女性一生的服務機構），以及 Think Pearl（針對婦科疾病展開預防、啟發活動的社團法人）共同舉辦的意見調查。(ルナルナ〔体調管理から妊娠・出産後・育児まで女性の一生をサポートするサービス〕と婦人科系疾患の予防啓発活動を行なう一般社団法人シンクパールとの共同意識調査〔2018 年 2 月 16 日～ 19 日〕)

- 厚生勞動省研究班「病態教育內容」改革（厚生労働省研究班「痛みの教育コンテンツ」改変）

- 影片「同意發生性行為就跟來杯茶一樣」(Consent- it's simple as tea)

- 保險套的正確配戴方法
  網址 https://www.pref.aichi.jp/kenkotaisaku/aids/route_of_infection/howtowearcondom/howtowearcondom.html

性知識，爸媽給問嗎？

婦科醫師教你透過親子對話，在日常展開性教育

ママ産婦人科医による「生理」と「セックス」を子どもに正しく伝えるための本

作　　者　宮川三代子
譯　　者　陳綠文

副 社 長　陳瀅如
責任編輯　翁淑靜
特約編輯　沈如瑩
封面設計　Javick Studio
內頁排版　洪素貞
行銷企劃　陳雅雯、張詠晶

出　　版　木馬文化事業股份有限公司
發　　行　遠足文化事業股份有限公司（讀書共和國出版集團）
　　　　　231新北市新店區民權路108-4號8樓
電　　話　（02）22181417
傳　　真　（02）22180727
電子信箱　service@bookrep.com.tw
郵撥帳號　19588272木馬文化事業股份有限公司
客服專線　0800-221-029
法律顧問　華洋法律事務所 蘇文生律師
印　　刷　博客斯彩藝有限公司
初　　版　2024年5月

定　　價　380元
I S B N　978-626-314-639-6（紙本）
　　　　　978-626-314-648-8（EPUB）
　　　　　978-626-314-636-5（PDF）

性知識，爸媽給問嗎？：婦科醫師教你透過親子對話，在日常展開性教育 / 宮川三代子著；陳綠文譯. -- 初版. -- 新北市：木馬文化事業股份有限公司出版：遠足文化事業股份有限公司發行，2024.05
面；　公分
譯自：ママ産婦人科医による「生理」と「セックス」を子どもに正しく伝えるための本
ISBN 978-626-314-639-6(平裝)

1.CST: 性教育 2.CST: 性知識 3.CST: 親職教育

544.72　　113003661